茶馆酒肆的经营与管理
——基于南京茶肆的实证研究

孙绪芹 ◎ 著

光明日报出版社

图书在版编目（CIP）数据

茶馆酒肆的经营与管理：基于南京茶肆的实证研究 /
孙绪芹著 . -- 北京：光明日报出版社，2022.8
ISBN 978 - 7 - 5194 - 6750 - 0

Ⅰ. ①茶… Ⅱ. ①孙… Ⅲ. ①茶馆—经营管理—研究
—南京 Ⅳ. ①F726. 93

中国版本图书馆 CIP 数据核字（2022）第 153228 号

茶馆酒肆的经营与管理：基于南京茶肆的实证研究
CHAGUAN JIUSI DE JINGYING YU GUANLI：JIYU NANJING
CHASI DE SHIZHENG YANJIU

著　　者：孙绪芹

责任编辑：刘兴华　　　　　　　　责任校对：崔瑞雪
封面设计：中联华文　　　　　　　责任印制：曹　净

出版发行：光明日报出版社
地　　址：北京市西城区永安路 106 号，100050
电　　话：010 - 63169890（咨询），010 - 63131930（邮购）
传　　真：010 - 63131930
网　　址：http：// book. gmw. cn
E - mail：gmrbcbs@ gmw. cn
法律顾问：北京市兰台律师事务所龚柳方律师

印　　刷：三河市华东印刷有限公司
装　　订：三河市华东印刷有限公司
本书如有破损、缺页、装订错误，请与本社联系调换，电话：010 - 63131930

开　　本：170mm×240mm
字　　数：130 千字　　　　　　　印　　张：12
版　　次：2023 年 1 月第 1 版　　　印　　次：2023 年 1 月第 1 次印刷
书　　号：ISBN 978 - 7 - 5194 - 6750 - 0

定　　价：68. 00 元

茶肆东宝路店

茶肆仙林店

茶肆桦墅店

九间坊民宿——南苑

九间坊民宿——东苑

九间坊会议中心

桦墅周冲村口

以上图片来源：林彦菱创作（林彦菱. 女. 台湾新北人. 2014 年毕业于中国台湾科技大学商业设计系毕业，专职于插图等平面类设计，获得荣誉有：Croatia Supertoon 国际动画影展「得奖提名」、第十三届"创意中国"年度银奖等。）

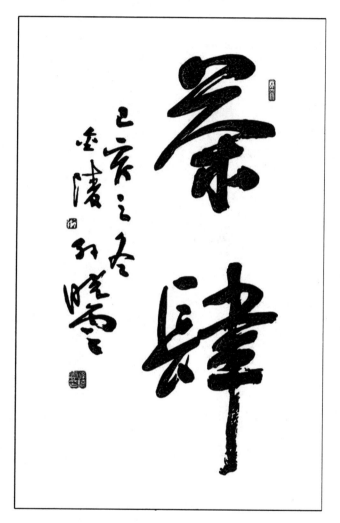

"茶肆" 书法

书法来源：孙晓云创作（孙晓云，现任中国书法家协会第八届主席、江苏省文联副主席、省书协主席。南京大学中国书法研究院院长。）

前　言

　　近年来，我国餐饮行业市场环境发生着深刻变化。一方面，餐饮行业与人们的收入水平和消费水平有着密切的关系，我国居民收入水平和消费水平的不断提高，使得餐饮行业的整体市场规模不断扩大，到 2018 年我国的餐饮行业市场规模已经达到了 4 万亿元，而且仍然呈现出快速增长的发展趋势。同时，人们对餐饮行业的要求也日益提高，尤其是对于个性化、特色化的餐饮需求不断增长，这也要求传统的餐饮企业要根据自身情况进行一定的调整和变化。另一方面，近年来，我国餐饮企业的经营状况却不尽如人意，2018 年我国餐饮企业的月倒闭率高达近 10%，且餐饮企业的平均寿命周期不到 2 年。这说明我国诸多的餐饮企业面临着较大的经营困难。从实际情况来看，外部市场环境的变化，如房租、人力成本的上升，以及线上餐饮的快速发展等都对实体的餐饮企业造成了一定程度的影响，但诸多餐饮企业产品的严重同质化也是重要原因之一。在这种情况下，餐饮企业需要结合市场环境的变化，对自身的营销策略进行调整，这样才能更好地抓住未来的发展机遇。

南京茶肆成立于 2015 年，通过有效的营销策略的制定与实施，自成立以来一直保持着非常好的经营业绩，营业收入和净收益率都在不断提高。因此，本书希望通过对其营销策略进行系统分析，详细阐述其经营和营销模式，以便为其他餐饮企业提供有益的借鉴。

首先，本书对研究过程中所运用的研究方法和相关营销理论进行了介绍，为研究奠定了坚实的理论基础。其次，本书对南京茶肆的营销现状及存在的主要问题进行了深入分析，包括主要菜品及价格、销售业绩情况、客户和收入结构、获客渠道情况等。然后，本书运用了 PEST 分析法和波特五力模型对其外部市场环境展开分析，并进行了 SWOT 分析。通过分析可以发现，南京茶肆的内部优势大于劣势，外部机会大于威胁，因此应该选择 SO 战略，即实行积极的市场扩张战略。接着，本书对南京茶肆进行了 STP 分析，通过市场细分、目标市场选择的方式，帮助其进行了准确的市场定位，并认为其应该将目标客户集中在 20~50 岁之间且具有一定文化涵养的群体，并将自身定位于"一个富有文化内涵的品茶、餐饮、休闲中心"。最后，本书根据 4Ps 营销理论，详细阐述了南京茶肆产品策略、价格策略、渠道策略、推广策略的制定与实施。

目 录
CONTENTS

第一章 绪 论

第一节 研究背景

一、我国餐饮行业发展背景

随着时代的不断发展和社会的快速进步，近年来，我国餐饮行业正发生着巨大的变化。一方面，餐饮行业作为服务行业的重要组成部分，与人们的收入水平和消费水平密切相关，我国居民收入水平的不断提高在一定程度上刺激了我国餐饮行业的快速发展。从2013年以来，我国餐饮行业基本一直保持在10%以上的增长速度，到2018年，我国餐饮行业市场规模已经达到了4万亿元，而且未来仍然会保持较高速度的增长态势。因此，从整体的市场规模来看，未来我国餐饮行业市场前景依然十分广阔，市场充满着商机。另一方面，从当前我国餐饮行业发展现状来看，整体的市场发展形势却不容乐观，诸多餐饮企业面临着十分巨大的压力。目前，我国餐饮行业有超过600万家企业，但是其中只有20%左右的企业能够保持一定的盈利水平。同时，2018年我国餐饮企业的月倒闭率高达10%，餐饮企业的平均寿命周期不到2年，整个餐饮行业的竞争压力十分巨大。因此，可以看到，我国餐饮市场存在着一定的自我矛盾，即整体的行业发展态势与企业的经营状况不一致。

当然，我国诸多餐饮企业在经营发展中存在困难的原因是多方面的。在外部因素方面，近年来不断升高的房屋租金、人员工资等，都在一定程度上提高了餐饮企业的经营成本，降低了餐饮企业的盈利能力。同时，外卖平台的快速兴起也在一定程度上挤压了许多餐饮企业，餐饮企业线下客流减少，而在线上经营的过程中，线上平台会收取一定的费用，且自己还需要承担一部分的费用，这也会在一定程度上提高餐饮企业的经营成本。在内部因素方面，诸多餐饮企业也存在着一定的问题。例如，餐饮企业的目标客群不清晰，缺乏明确的产品和市场定位，提供的产品在市场上同质化严重，使得自己难以获得核心竞争力。而在当前的市场背景下，人们对于餐饮服务、产品的个性化和特色化日益重视，餐饮企业要想在市场竞争中脱颖而出，就必须结合市场变化动态和自身实际情况，制定出更具有针对性的营销策略并付诸实施，这样才能更好地把握和抓住未来的市场发展机遇，实现做大做强。

二、南京茶肆

随着互联网覆盖范围的扩大以及互联网金融的发展，以网络为平台的产品销售模式已经被越来越多的人认同，众筹作为一种依托互联网的融资与销售模式，开始进入中国市场，并获得了比较快速的发展。众筹有三种类型，一般分为投资模式、购买模式和借贷模式。在投资模式中，投资者可以获得债权或股权、未来得到本息收益或股东分红；购买模式对消费者来说主要被当作一种消费方式，这种模式的众筹如同在淘宝网上买东西，但对商家来说，这是一种预约销售，也就是我们要探讨的众筹营销；借贷模式以借款的约定付息为主，利息比银行贷款利息高，同时加上配套的产品分红为组合的一种借贷方式。

本书以南京茶肆为例介绍了"众筹"这一新的融资模式，阐述了小微企业众筹融资运作流程，分析了我国小微企业众筹融资存在的问题。南京茶肆是众筹模式下的产物，其宗旨是做成一家文化茶馆，传播和弘扬中国传统茶文化；同时它也是友谊平台，纪念笔者和南京大学相识的日子，南京茶肆的成立更是为了引导健康饮食，弘扬中华美食文化，传递正能量。

南京茶肆成立于 2015 年，是由 EMBA（高级管理人员工商管理硕士）2012 班的学生通过众筹成立的。起初南京茶肆众筹成立的目的主要是为了让学生在毕业之后能够有一个固定的聚会场所，但是从实际经营效果来看，南京茶肆的经营状况已经远远超出预期。

2015 年 5 月 1 日，南京茶肆第一家门店东宝路店正式开业。南京茶肆是一家偏休闲的餐饮机构，不仅仅提供一些茶水服务，而且还提供就餐、棋牌等各类服务。南京茶肆自成立以来，凭借着广泛的人脉关系、优质的客户服务以及精致的菜品和典雅的环境，吸引了一大批忠实客户，不仅营业额呈现出稳步上升的态势，而且净利润率也在不断增长，2018 年南京茶肆的净利润率达 19%。同时，2017 年 12 月，南京茶肆决定在仙林设立一家分店，仙林分店在开设以后也取得了良好的效果。从南京茶肆经营发展过程来看，南京茶肆与一般的餐饮企业不同，它制定营销策略更有针对性，且对目标客户的定位更为准确，而且无论是就餐环境、氛围、菜品等都会经过精心设计，因此客户的黏度相对较高。可以说，在当下我国餐饮行业市场环境急剧变化的情况下，南京茶肆的营销和经营模式为其他餐饮机构提供了很好的参考和借鉴。

第二节　研究目的及意义

在现代企业的运营管理和组织管理过程中，市场营销能力是企业的核心竞争力之一。尤其是在餐饮行业，行业市场潜力十分巨大，而且行业市场环境正发生剧烈变化，营销策略的制定与实施对企业经营发展的影响更为明显。正如上一节所述，当前我国餐饮行业存在着一定的自我矛盾，整体的行业发展态势与企业实际经营状况并不一致，在餐饮企业无法改变外部环境的情况下，只能从自身角度进行考虑，如何通过有效的营销策略调整来抓住市场发展红利。同时，就现实因素而言，餐饮行业涉及的企业数量众多，就业队伍庞大，餐饮行业的健康稳定发展对于社会结构、就业形势的稳定性都具有十分重要的意义。但是，由于餐饮企业一般属于中小型企业，整体的知识水平层次相对较低，对于营销策略相关理论也缺乏一定的认识。因此，可以通过其他餐饮企业的成功经验进行具体介绍和分析，让其他餐饮企业有着更为清楚的认识。南京茶肆作为近年来新成立的餐饮企业的一员，经营时间也只有 4 年左右，但从近些年的财务数据了解到，南京茶肆自成立以来一直保持着非常好的发展态势。结合南京茶肆各项营销活动来看，可以认为南京茶肆在营销方面取得了非常好的效果。因此，一方面，本书希望通过以南京茶肆为具体案例，详细分析南京茶肆当前所面临的市场营销环境，也总结其在营销过程中存在的主要问题，并结合具体的市场定位，对其市场营销策略进行全面的分析。另一方面，在餐饮行业市场环境快速变化的大背景下，本书也希望通过对南京茶肆营销策略的分析，为更多的餐饮企业提供一些有价值的借鉴，从而促进我国餐饮行业更好地实现健康、良性的发展。具体来讲，本书的研究具有以下两个层面的意义。

一、理论意义

为了更好地帮助南京茶肆系统地分析其营销策略，一方面，本书会运用 4Ps 理论，从产品、价格、渠道、促销四个层面对南京茶肆的各个方面进行深入分析，从而更加全面地了解南京茶肆的营销环境及营销现状等；另一方面，本书还运用 STP 理论对南京茶肆进行产品的市场定位与分析，以便更准确地找到南京茶肆的目标市场。因此，本书对市场营销理论在餐饮行业的运用具有一定的理论意义。

二、现实意义

在研究过程中，一方面，本书将南京茶肆提供的具体产品、服务、环境等与市场上一些普通的餐饮企业进行横向对比，以发现其在市场竞争中的优势；另一方面，还会着重地分析南京茶肆在市场营销及经营管理过程中存在的一些问题，并针对实际情况和市场环境提出南京茶肆未来的营销策略方向。另外，最为重要的是，本书的分析能够在一定程度上对南京茶肆核心的营销理念和经营理念进行提炼和总结。其他的餐饮企业或许面临的实际情况与南京茶肆并不相同，但是其营销理念可能在某种程度上为其未来的经营发展提供一些方向性的思考，以及一些有价值的借鉴。

第三节　文献综述

目前，国内外各大餐饮企业并没有统一的市场营销战略模式，在餐饮行业市场营销战略领域的研究甚少，研究成果不多，但是通用的市场营销相关理论可以作为餐饮企业营销战略分析和研究的理论基础、理论支撑。

一、国外文献综述

（一）相关市场营销理论综述

Velde（1916）最早对渠道效率提供了理论支撑，他提出营销行为最合理的依据就是专业化的中间商，中间商的职能专业化有助于为渠道管理系统提高效率和经济效益。Battelle（1923）进一步将渠道系统中间商带来效益的用户分为生产者和消费者两方面，将效益本身划分为基本效益、形式效益、地点效益和时间效益四个维度。Burui Ye（1934）认为营销机构只要能够集中和分配营销所需要的要素，就可以有效解决分配交换中的阻碍力量。Mike Mammon（1965）提出协调营销具有显著的潜在经济效益[①]。随着市场竞争环境格局的不断变迁，传统营销理论 4Ps 理论不再适应于现在市场的营销实践，于是 4Cs 营销理论在 4Ps 营销理论的基础上应运而生，并得到不断的丰富和发展。1990 年美国劳特朋教授提出 4Cs，即消费者（Customer）、成本（Cost）、便利（Convenience）和沟通（Communication），强调客户满意度是企业市场营销的重中之重，要通过各个环节的努力和联合，降低客户的采购成本。4Cs 始终以客户、市场、便利性为核心，坚持以客户需求为导向，坚持产品与市

---

① LAUTERBORN R. New Marketing Litancy：4Ps Passe C-Words Take Over ［J］. Advertising Age, 1990（4）：45-46.

场细分，强调满足消费者的需求，并与客户建立起密切合作的关系；不局限于给客户提供产品，更注重客户的价值；在整个营销体系中，切实考虑到客户的成本和心理需求，做好售前、售中、售后的服务便利，提供优质的服务体验；通过不断地与客户进行良性的、有效的沟通和互动，将企业和客户的利益整合在一起，相互认同，以提高客户重复购买或者消费的机会。①

（二）相关实践研究综述

Launonen. Marttit，Alan R. Dennis（2005）等人通过对肯德基的市场营销策略进行研究发现，市场营销策略的执行和实施必须是通过最高层领导、中层领导、基层员工在内的企业所有利益相关者全面的关注、跟进和实施，而不能简单通过从最高层领导到中层领导再到基层员工的自上而下的单线委托或授权来实现。

Terziovski. Mile，Fitzpatrick. Paul，O. Neill. Peter（2013）则认为餐饮企业市场营销的关键在于企业的管理者必须要以客户满意度为企业流程的核心，一切的市场营销活动都要以客户的切身利益为出发点。对此，餐饮企业必须转变传统的以利润为中心的营销理念，不断加强内部管理与沟通，自上而下树立以客户为中心的营销理念。

George M. Bollenbach（2017）尝试将目标市场理论应用于餐饮企业的实务过程中。他认为餐饮企业在进入市场时，首先需要的是确定自身的市场定位，明确具体的目标市场客户，在此基础上，根

---

① MAHAJAN V，VENKATESH R. Marketing modeling for e-business. fore-business. International [J]. Journal of Research in Marketing, 2000 (2)：215-225.

据企业的实际需求推出差异化的餐饮产品，这样能够更有效地满足客户的需求，提升自身的市场竞争力。

Eytan. J 等人（2018）对 A 餐饮品牌的成功案例进行了细致入微的分析，认为 A 餐饮品牌在进行市场营销的过程中，充分考虑了客户、员工以及社区的有效需求，并主要从产品、价格两个层面对营销策略进行了有效制定。一是产品种类丰富，有效地满足了不同客户群体的需求；二是推出不同价格梯度的产品组合，进一步丰富了客户的选择性。

二、国内文献综述

我国学者开始对餐饮行业营销策略的研究基本上起始于 21 世纪后。目前，对品牌和营销渠道的理论与实务正越来越为研究学者所重视。

辛立宇（2015）在《A 餐饮公司营销策略研究》一文中指出，餐饮产品作为一种较为特殊的产品，消费者在进行选择时与购买其他产品有着不同的习惯和心理行为。一方面，餐饮产品的价格弹性相对较高，消费者对于餐饮产品的价格比较敏感；另一方面，消费者对餐饮产品的品牌越来越重视。A 餐饮公司开始更多地以"让客户满意"作为营销活动开展的核心，对产品的质量、品牌等进行建设。

李莉、唐靖（2015）在《消费者对定制化营销的反应及对餐饮企业管理实践的启示》一文中指出，餐饮企业应当根据消费者的偏好来为他们定制其所期望的产品。当消费者对餐饮企业所提供的产品或者服务认可的时候，即消费者的需求被满足的时候，餐饮企业就得到了消费者的认可，并将对餐饮企业回报以更高的消费者忠诚度。

在渠道营销方面，鲁怀坤（2011）比较分析了营销产品分销渠道的多种控管模式。张庚森（2013）站在消费者的角度，提出五种评价营销产品营销渠道绩效的指标，包括销售额、利润率、市场覆盖率等客观绩效指标，客户满意度、渠道关系质量等主观绩效指标。王明松（2015）对餐饮企业市场营销过程中所采用的直销渠道和分销渠道进行了对比，认为在实际的营销过程中企业应该综合考虑自己的店铺成本、人力成本和企业市场开拓能力，以选择合适的销售渠道。徐远重（2016）认为在互联网时代，餐饮企业应该充分利用物联网的优势，改变传统的线下的营销渠道，将线上营销与线下体验结合起来，这样有利于降低企业的营销渠道成本，以及提高实际的营销效果。

在品牌营销方面，关于品牌营销理论中的基本问题，学术界还没有形成统一认知。也有学者试图归纳出统一的品牌营销理论整体框架，符国群（2008）研究了品牌在餐饮产品市场营销战略中的地位，认为品牌作为企业无形资产的一部分，是企业的核心竞争力之一。谢奉军和罗明（2015）认为品牌延伸受核心品牌、消费者、市场以及营销等因素影响。品牌营销理论和营销渠道理论随着市场环境的变化，对研究学者提出了新的研究方向和发展要求。重视借助电子信息技术提高品牌和渠道系统的管理水平，通过深化理论范畴整合工作来拓宽渠道系统理论的视野，如对不同学科间的整合和对其他学科与领域的研究成果和方法的援引借鉴，最终建立一套普遍适用的品牌和渠道系统研究体系。王琢琳（2016）从餐饮品牌的发展历程和现状入手，通过餐饮品牌的产生、市场定位、产品创新以及如何更好地实现企业的品牌价值等几方面，阐述了品牌塑造的重要性与必要性，并认为餐饮企业品牌塑造要遵循产品特点——市场定位——品牌塑造这一过程。

三、文献评述

综上，国外市场营销理论已经十分成熟，基本上形成了以 STP、4Ps 等理论为核心的市场营销理论体系。但是，国内关于市场营销的研究则相对较晚，最开始是对国外的市场营销理论进行引进学习，然后再结合我国具体的市场进行市场营销的实证研究。目前，国内相关研究已经从渠道、品牌、消费者需求等多个层面来分析企业营销策略的制定，并取得了一定的研究成果。但是，对于餐饮行业市场营销策略，目前相关的研究还非常少。而且，针对目前一些非常有效的营销方式，诸如网络营销等营销模式，相关的研究也相对较少。此外，随着互联网的快速发展，传统的餐饮行业营销模式受到剧烈的冲击，线上线下相结合的营销模式越来越受到消费者和企业的青睐，这也逐渐成为未来营销模式的转型方向。虽然，我国已有相关的学者开始注意并研究这一营销模式，但是研究的内容还主要停留在对这一现象的分析，而缺乏对这一营销模式背后市场推力的深层次阐述，这也是今后可以着重研究的方向。

第四节 研究方法与创新之处

一、研究方法

本书在研究过程中主要采取了以下三种研究方法。

1. 文献研究

本文收集了大量国内外关于市场营销和营销策略等方面的理论及相关的著作，在对文献进行梳理归纳的基础上提出并形成了全书研究论述的理论依据。同时，本书还收集了一些与餐饮行业市场分析、餐饮市场营销理念相关的研究文献，并进行总结归纳。

2. 理论研究

在文献研究的基础上，深入分析了我国餐饮行业的发展现状，重点依据产品、价格、渠道、推广（4Ps）理论和市场的细分与定位（STP）理论以及关系营销等理论，全面研究和梳理了南京茶肆营销模式现状以及存在的主要问题，从而提出其未来营销策略实施的方向和具体保障，并由此分析设计了本书的研究框架。

3. 案例研究

本书选取了以南京茶肆为案例研究对象，依托文献研究和理论研究形成的理论依据和分析工具，深入剖析了南京茶肆目前的营销环境和营销现状。通过对南京茶肆的案例研究，能够更清楚地让大家了解到目前餐饮行业的市场环境是怎样的，以及餐饮企业应该怎样结合自身的内部环境，制定具体的市场营销策略，以便实现未来的持续发展。

二、创新之处

一是研究视角的创新。现有的论文对小微企业营销问题的研究，多数是停留在宏观层面上的，少有从微观视角去解析"众筹"下的小微企业营销问题。本书将从微观视角出发，通过背景理论、相关理论再到具体的营销模式的理论演绎方法，并结合实际例子进行研究和分析。

二是研究内容的创新。主要表现在：结合南京茶肆的实证，从实际出发，提出小微企业该如何定位自身的营销模式以及营销模式的创新发展。同时，在小微企业营销的组建机制、可行性、内部制度的安排、企业员工的管理等方面对营销模式管理进行深入分析。

第五节 框架及技术路线

本书主要是从内外部两个层面来对南京茶肆的市场营销环境进行了总结分析，并就南京茶肆当前的营销现状，结合新的市场环境，指出了其营销模式中存在的主要问题。

同时，也根据餐饮行业目前的发展趋势，结合餐饮行业未来的发展前景，以及南京茶肆具体的市场定位，提出了南京茶肆的市场营销策略。本书的技术路线图具体如下图1.1所示：

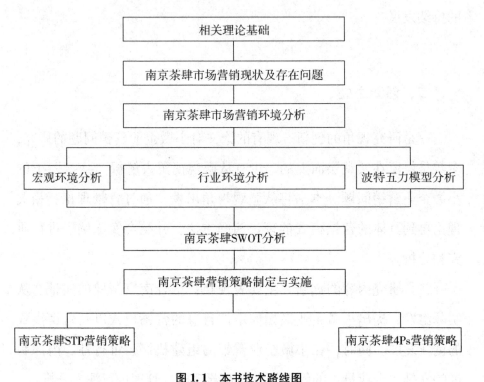

图 1.1　本书技术路线图

同时，本书的论文框架具体如下：

第一章，绪论。主要包括研究背景、研究目的及意义、文献综述以及研究方法等。对本书的研究背景和意义进行总结，对前人的研究进行回顾，同时，对本书主要研究对象和研究方法进行前瞻性的介绍。

第二章，相关概念及理论基础。包括相关概念基础、营销相关理论、相关研究方法。重点在于对本书研究的相关理论进行介绍。

第三章，南京茶肆众筹过程。包括众筹在国内的发展现状、南京茶肆众筹环境分析、众筹建设过程、经营现状以及在经营过程中需要注意的问题等。

第四章，南京茶肆内部条件分析。包括南京茶肆的相关情况介绍、经营模式介绍、南京茶肆市场营销现状、南京茶肆在市场营销过程中存在的主要问题等。同时，结合南京茶肆的实际情况，分析营销问题存在的具体原因。

第五章，南京茶肆外部营销环境分析。主要是通过运用PEST分析法、波特五力模型等方法对南京茶肆所面临的宏观环境、市场环境以及竞争环境等进行综合分析，在此基础上再结合南京茶肆内部环境的优劣势，以及外部环境的机会、威胁等因素，深入分析南京茶肆的发展方向。

第六章，南京茶肆STP营销策略分析。主要是对南京茶肆的目标选择进行分析，具体包括市场细分、目标市场选择、市场定位等。

第七章，南京茶肆营销策略制定与实施。包括产品策略、价格策略、渠道策略、推广策略。

第八章，结论。主要是对全书研究进行总结。

第二章　相关概念及理论基础

第一节　相关概念基础

一、茶叶的起源与分类

（一）茶叶的起源

尽管当今世界已经有几十个国家在种植茶树，但通过寻根溯源，可以发现众多国家所使用的茶叶，以及茶树种类、栽培技术、加工技艺、饮茶方法等都是直接或间接源自古老的中国，因此，将中国称之为茶的起始地是完全合理的。陆羽在《茶经》中将中国茶的起源追溯至上古神农时期，"茶之为饮，发乎神农氏"。"茶圣"陆羽的观点也使得民间产生了大量关于神农与茶的传说故事，其中较常见的说法是：茶是神农在野外以釜锅煮水时，刚好有几片叶子飘进锅中，煮好的水，其色微黄，喝入口中生津止渴、提神醒脑，以神农过去尝百草的经验，判断它是一种药而被发现的。其他关于茶的时代起源还有西周说、秦汉说、六朝说等，无论何种说法，都证明了中国有关茶的历史是源远流长的。

同时，从茶叶资源来看，南京茶文化形成于南北朝时期，饮茶之风的盛行，带动了南京本地茶叶的种植。在此期间，南京寺庙的发展，"茶禅文化"的兴起，促使"摄山茶""天阙茶"的栽培。当然，南京市毂南北，控制江淮，水陆交通便利，又临近名茶产区，为南京茶馆提供了丰富的茶叶资源。

（二）茶叶的分类

茶叶作为植物的一种，与环境是一个统一体。茶叶对自然环境有一定的要求，没有特定的环境条件，茶叶就不能生存，这是茶叶作为植物的自然特性。而茶叶的环境主要是指茶叶生存所需的外部环境条件，主要包括气候条件、土壤条件、地形条件等。对于茶叶，我国把茶叶具体分为六大茶系，分别是绿茶、红茶、青茶、白茶、黄茶、黑茶。

绿茶是所有茶中历史最悠久的，为不发酵茶，特色是清汤绿叶，名茶有龙井、碧螺春、黄山毛峰、太平猴魁等。绿茶有名的茶很多，对喝茶之人的品味能力要求很高，因此喝绿茶的文人特别多。红茶是全发酵茶，干茶的色泽乌褐，冲泡之后茶汤和叶底都呈红色。名茶有祁门红茶、滇红、正山小种，以及台湾的鹤冈红茶、日月潭红茶等，是世界生产量最多的一种茶类。红茶暖胃，所以识茶者冬天或晚上都喜欢饮红茶。青茶是半发酵茶，既有绿茶的清香和花香，又有红茶的醇厚。它有个文雅的名字叫作"绿叶红镶边"，表示又红又绿，介于两种茶之间。福建的武夷岩茶、安徽的铁观音、广东的凤凰水仙都属于青茶。台湾的著名青茶则为包种、冻顶乌龙、高山乌龙、东方美人、木栅铁观音等。白茶是轻发酵茶，茶形纤细，选用嫩芽叶上白茸毛多的品种制成，品质特点是干茶外表满披茸毛，色白隐绿，汤色浅绿。白茶是一种珍贵稀少的历史名茶，有许多美好的名字，如瑞云祥龙、龙团胜雪、雪芽等。浙江安吉县名茶——安吉白片，曾有"一箱可换部名车"的说法，可见其珍贵程度。黄茶的制法与绿茶相近，唯需经过堆放闷黄的工序，黄汤黄叶是其特点，名茶有君山银针和蒙顶黄芽等。黑茶是后发酵茶，在采摘茶叶后，经过渥堆工序，使茶叶发生后发酵，造成茶面颜色深暗，称为黑茶。它是许多紧压茶的原料，名茶有云南普洱茶、广西六堡茶等。

二、茶肆相关概念介绍

茶肆又称为茶馆，但是不同地方的人对茶肆的称呼存在一定差别。目前，茶肆这一称呼在江浙地区较多，在京津地区，一般称为"茶亭"；在长江流域，一般称为"茶馆"；而在两广以及香港地区，则是称为"茶楼"。虽然不同地区在茶肆称呼上有所不同，但是其起源和本质功能基本是一致的。据史料记载，茶肆最初起源于两晋，但在此时并不是茶肆的店铺形式，而是茶摊，它更多的是为了给路人和过客提供一些解渴的茶水而存在的。到唐朝开元年间，茶肆这一形式才开始正式出现，并慢慢普及开来；到宋朝的时候，中原饮茶之风盛行，茶肆在此时进入了兴盛时期；到明清时期，人们的饮茶之风更盛，加上此时人们的生活水平和社会生产力相对提高，茶肆更加普及，因而成为一般民众的消费场所和去处。中华人民共和国成立之后，在一段时间内茶肆的发展有所衰落。但是在改革开放之后，尤其是 20 世纪 90 年代以后，茶肆又开始重新快速发展起来。据不完全统计，目前我国茶肆的数量已经超过 5 万家。可以说，茶肆更多的是人们休闲娱乐的场所，与整体经济发展水平是直接挂钩的，当然也与当地的茶文化和饮茶习惯等有着密切的关系。

三、茶肆的主要功能变迁

茶肆作为人们休闲娱乐的场所，在诞生之初就与文娱活动紧密相连，只是随着社会文化的变迁，茶肆的文娱功能也在发生着一定的变化。在明清之前，茶肆更多的是作为一种富人、达官贵人的娱乐场所，一般会配有乐器演奏、唱歌等活动，一些茶楼甚至还会安排歌伎，名为"花茶坊"。一些茶肆则会安排一些文娱课程，教客人弹奏乐器、唱歌、舞蹈等。到清代的时候，茶肆才真正成为大众的文娱场所，文娱活动的范围也有所扩大，一些普通民众的娱乐活动快速进入茶肆，如评书、快板等。而且，茶肆有时候还会提供一些交易活动。到 20 世纪 90 年代，随着我国房地产业的快速发展，以及文化活动的跨区域流动，茶肆所提供的文娱活动则更为丰富多样，一些茶肆会提供汗蒸、棋牌、饮食等服务。而且就现实情况来看，单纯提供饮茶服务的茶肆已经越来越少，更多的茶肆会提供一些更为多元化的服务。因此，从茶肆的功能变迁来看，茶肆对于整个中国社会文化的发展具有十分重要的作用。一是丰富了人们的文娱生活，尤其是在古代社会，人们的娱乐活动相对匮乏，茶肆则为人们提供了重要的文娱场所；二是促进了社会的文化，古代社会信息交流方式单一，通过茶肆一些经典的名著得到了更好的传播，这也促进了社会的文化发展。

四、茶肆的未来发展趋势

在整个社会快速发展的背景下，未来茶肆发展也必须紧密结合整个社会的发展趋势，贴合人民群众的现实需要，为人们提供更好的文化娱乐场所。从这个角度上来看，未来茶肆的发展会呈现出以下三种发展趋势。

一是功能的多元化。整个茶行业的市场容量是十分巨大的，同时，不同的人群所面对的消费需求是不同的，在当今时代单纯地进行品茶的消费者比重已经越来越低。因此，茶肆必须结合市场环境的变化，为顾客提供更为多元化的服务。例如，在饮茶之外，还会提供一些餐饮服务、棋牌服务、养生服务等，这有助于扩大茶肆的功能范围，也使得茶肆所面向的客群更加广泛。

二是环境的休闲化。就茶肆而言，它实际上还是一个提供休闲娱乐的场所，茶肆的起源也是如此，人们去茶肆进行消费，更多的是为了能够找到一个可供休闲、聚会的场所，因此，茶肆需要更多地迎合消费者的实际需求，尽可能地使茶肆的环境休闲化。

三是回归茶道的核心价值。茶肆不仅仅是一个休闲娱乐的场所，其所提供的茶道服务也有自身的理念和诠释，而对茶道而言，其核心价值正是在于"和、静、怡、真"四个字。因此，茶肆在经营发展的过程中，不仅要关注客户的实际需求，还要融入茶道的核心价值，这样才能让消费者觉得这个茶肆有着它独特的味道，有着自己对于茶道的理解。

第二节　营销相关理论

一、目标市场理论

STP 理论——目标市场理论，S（Segmentation）、T（Targeting）、P（Positioning）分别为市场细分、目标市场、市场定位。W.J. 斯坦顿的观点是：STP 理论的基点，是在于锁定企业产品的目标市场和具体的消费人群。同时消费市场还具有多层次和多元化的特点，因此能够同时满足所有人的具体、多样化的需求的企业是根本不存在的。企业则是需要根据市场细分的结果，并结合自身发展的实际情况，选择最为合适的目标市场群体，并进行准确的目标市场定位和产品定位。这样才能使消费者不断地接触到自己的产品，更多地了解自己的产品，并在消费者心中获得认可，即认可企业的产品和文化，从而逐步形成企业自己的品牌。

（一）有利于帮助企业进行准确的市场定位

经过细分后的市场，是一个更为细化的子市场，相对于原先的大市场而言，子市场更为具体化和细化。因此，企业可以选择更为细化的子市场，根据这部分子市场消费者的具体需求，制定自己的产品策略、营销策略、产品开发等，更好地为消费者服务，也就是为目标市场服务。

（二）有利于开拓市场，把握发展机会

企业通过对市场进行细分，能够更准确、更快速地对不同子市场之间的消费群体的具体需求、消费行为和消费潜力进行对比分析，从而更好地设计出让细分下的子市场消费者更为满意的产品，增加与其他企业竞争的优势。同时，也有利于挖掘出对自己本企业有利的市场机会，可以让企业在短期内进行项目的投产和资金的转移，从而更好地把握市场的发展机遇。

（三）有利于使投入目标市场的人力、物力更具有针对性

企业的各种资源都是有限的，怎样使自己有限的资源创造出更大的经济效益是每个企业都应该思考的问题，并且集中自己有限的资源，集中企业的能力去发展和开拓特定的目标市场，从而提高企业的市场收益。

前面所讲述的三点作用，都能够有效地帮助企业积累优势，提高企业获得收益和利润的能力。

二、4Ps 理论

4Ps 理论在 20 世纪 60 年代就已产生，其理论的核心内容是产品、价格、渠道、促销四大要素。最早提出 4Ps 理论的学者是杰瑞·麦卡锡（Jerry McCarthy），他在他的著作《营销学》中对其进行了详细的阐述。不过，在《营销学》一书出版之前，杰瑞·麦卡锡的导师理查德·克鲁维已经提出以"产品（Product）、定价（Price）、分销（Distribution）、促销（Promotion）"四大要素作为核心的理论框架。其中，杰瑞将其中的"分销"一词以更为合适的"地点（Place）"一词进行了替换，到此时，4Ps 理论才算是真正完整地提出来。4Ps 理论对产品的分类进行了界定，它认为产品可以具体地分为内核产品、实体性产品以及外延性产品。从广义上来看，产品应该是有形的，是一个实体，人们看得见摸得着的东西，但是，产品还包括无形的产品，例如，技术、知识、服务、智慧等。

产品（Product）：产品需要注重设计和系统的开发，产品之所以能够让消费者去购买，是因为它能够满足消费者具体的需求。同时，还在于产品有着自己独特的功能，独特的功能能够更好地满足消费者的特定需求，相比一些普通的、大众化的产品，这是差异化产品所具有的核心竞争优势。因此越来越多的企业也注重差异化产品的开发、设计等，这样才能提高产品的核心竞争力。

价格（Price）：价格是根据不同的市场定位来定价的，产品的定价跟许多因素有关，包括企业的品牌和产品的质量，能够在何种程度上满足消费者的需求，产品在市场上是否有替代品等。

渠道（Place）：企业是不会和消费者面对面进行沟通的，消费者基本上从商店或者超市购买到产品，这里就有经销商的概念在里边，企业与消费者之间的联系是通过经销商来进行的，经销商将产品从厂家拿过来进行销售。

促销（Promotion）：企业通过改变销售行为，来刺激消费者。例如，对商品进行价格上的降低，或者通过买一送一等各种活动，激发消费者的购物欲。当然，这种行为是短期的，目的是让消费者关注这个品牌，从而在短期内提高销量。

三、关系营销理论

4Ps 理论强调的是如何通过系统化的营销策略设计，帮助企业进行市场开发，尤其是拓展新兴市场，而对于已有客户如何维护，则有所忽视。后续的理论则对此进行了有效完善，典型代表为 4C 理论和 CRM 理论，在该理论中客户管理得到更加充分的重视，并强调企业在市场营销过程中要增加主动性，提高与客户之间的互动，从而建立了更加牢固、紧密的合作关系。同时，菲利普·科特勒（1999）还认为，客户关系的培养和维护不仅仅关系着实际的营销效果，还是企业核心竞争能力的重要组成部分，良好的客户关系更有利于企业在市场竞争中取得优势和主动权。另外，通过相关调查研究发现，企业在进行客户拓展与维护的过程中，原有客户的维护成本相较于新客户拓展的成本要低得多，仅仅是其 1/5 左右，但是利润高很多。Scoot B 等人（2014）的研究结果也表明，销售作为企业业务拓展的核心环节，对企业发展有着十分重要的影响。但是在营销的过程中，非常关键的一点在于如何有效地维护与客户之间的良性关系，一些企业失败的关键也恰恰是由于忽视了与客户关系的维护，尤其是一些大客户，对企业销售业绩的影响更为明显。

正是在这样的实践基础上，关系营销理论和与之相关的概念被逐步提出来，随之整个学术界兴起了"关系营销"，这一事件被称为"营销学研究范式的转变"。当然，在实际的营销过程中，关系营销仅仅是作为营销环节的重要部分，营销的核心仍然是通过产品将企业与客户有效地连接起来。因此，从某种程度上来讲，关系营销具有一定的局限性，适用的范围也相对较窄。20 世纪 80 年代，巴巴拉·本德·杰克逊首次正式提出了"关系营销"这一概念，后来经过不断的演化，逐步形成了如今的关系营销理论。关系营销在被提出后，得到了一些学者的认同，随着关系营销理论的不断发展，其适用范围也不断拓展。如今，关系营销理论逐渐应用到服务、IT 等行业上，而且根据具体的行业特征，其理论也正进行不断的演化。但是，不论关系营销理论如何演变，其核心仍然是强调企业与客户之间的良性互动，强调企业与客户之间建立起更好的沟通机制，在这一过程中，企业需要更加注重客户的诉求，要以客户为中心，这也是关系营销理论的核心价值所在。

第三节　相关研究方法

一、PEST 分析方法

在对企业的外部环境进行分析时，需要依靠一定的技术手段或科学的方法，PEST 分析法就是其中一种。PEST 分析法强调的是通过对企业发展的外部环境进行全面、中肯的评价与分析，从而有效判断企业未来发展的整体宏观形势是怎样的。PEST 分析法的分析面主要包括四层，分别是政治、经济、社会、技术。当然，每类具体层面也是一个相对较为宽松的宏观环境，还需要对具体的、与之相对应的影响因素进行分析，从而使其更具有针对性。具体来讲，PEST 分析法的四层基本面主要涵盖因素如下表 2.1 所示。

表 2.1　PEST 分析模型简介

政治（Political）	经济（Economy）	社会（Social）	技术（Technology）
环境保护政策	经济增长情况	居民收入分布情况	产品技术更新
税收政策	利率/货币政策	人口统计学因素	
国际贸易政策	政府开支情况	社会居民流动性	技术发明
消费者保护制度	失业保障政策	消费者态度转变	技术转让费用
员工雇佣制度	税收政策		技术更新周期
政府组织/态度	汇率政策	消费者趋势	技术成本收益

政治（Political）	经济（Economy）	社会（Social）	技术（Technology）
组织竞争章程	通货膨胀率	福利/安全感	
政府稳定性	经济周期阶段	社会教育情况	互联网信息技术
安全章程	消费者态度	消费者生活环境	

如上表 2.1 所示，对企业发展而言，企业的组织竞争力受到的外部影响因素主要包括四个方面：一是政治因素，包括该国或地区的环境保护政策、消费者保护制度、国际贸易政策、政府稳定性等，这些都会在一定程度上影响该国或地区的贸易进入壁垒；二是经济因素，包括该国或地区的经济增长情况、货币政策、汇率政策、通货膨胀率等，这在很大程度上会影响该地区的经济发展环境；三是社会因素，包括居民收入分布情况、社会居民流动性、社会教育情况、消费者生活环境等，主要是民间的社会状态对企业发展能够造成一定的影响；四是技术因素，包括产品技术更新、技术转让费用、技术更新周期等，主要是行业技术对于企业发展在成本、进入壁垒等方面造成的影响。

二、SWOT 分析方法

与 PEST 分析法不同的是，PEST 分析法主要是为了对企业的外部宏观环境进行分析，而 SWOT 分析法不仅要对企业的外部环境进行分析，还要对具体的内部环境进行分析。这种分析不仅需要对具体的影响因素进行总结，还需要对内外部环境的基本面进行定性分析。例如，在外部环境层面，是机遇更多还是威胁更多；在内部环境层面，是优势更多还是劣势更多，并且在对基本面进行定性分析后得出具体的分析结果。

SWOT 分析方法是一种非常普遍和常用的研究方法，当然在实际的研究过程中也非常有效。SWOT 分析方法已经在企业的战略研究过程中得到了广泛应用，同时很多理论学者在分析企业战略管理的研究分析中，也会用 SWOT 分析方法。SWOT 分析法应用的范围很广，在本书中，笔者也用到这个分析方法，在对南京茶肆的分析过程中，充分地利用这一研究方法，很好地帮助南京茶肆认识了自身的经营环境。根据 SWOT 分析相关考量，企业的内外部环境会进行具体的权衡，当企业的内外部环境都较好时，企业可以利用自身的竞争优势来实施 SO 战略，发挥优势并且抓住机会；当企业外部环境能够提供较多的发展机会，但是企业自身存在较大经营劣势时，应该更多地采取 WO 战略；当企业的内部经营情况较好，但是面临的外部环境较为严峻时，可以考虑更多地采取 ST 战略；而当企业不仅内部经营情况不佳，而且外部环境较为严峻时，可以考虑采取 WT 策略，克服劣势，避开威胁。主要内容可以看表 2.2。

表 2.2 SWOT 分析方法的主要内容一览表

	优势（S）	劣势（W）
机会（O）	SO 战略	WO 战略
	发挥优势	克服劣势
	抓住机会	抓住机会

	优势（S）	劣势（W）
威胁（T）	ST 战略	WT 战略
	发挥优势	克服劣势
	避开威胁	避开威胁

三、波特五力模型

Michael Porter 在 1980 年提出了波特五力模型，波特五力模型主要内容是指企业在市场发展环境中，在具体的行业竞争时，受到五种力量的影响，包括行业进入壁垒、替代品威胁、卖方议价能力、买方议价能力和现存竞争者。这五种力量对企业而言具有重要的作用。波特五力模型对于企业整个竞争环境的分析具有十分重要的作用，通过波特五力模型分析，可以帮助企业更好地找准其在市场竞争中已存在的主要竞争对手和未来可能存在的竞争对手，企业可以根据这些竞争对手的行为采取对应的措施。当然，企业所处的具体行业是有一定的市场壁垒的，而且一般会存在一定的行业关系，尤其是供应链上下游企业之间的关系，这种关系的不同会在很大程度上影响企业的议价能力。当处于买方市场时，供应链上游的企业议价能力会较弱，而当处于卖方市场时，供应链上游的企业议价能力会较强。因此，通过波特五力模型的分析，企业也可以更好地找准自身在这个产业链中的定位，并根据自己的定位来制定合适的竞争策略以及营销策略。

第三章 南京茶肆众筹过程

第一节 众筹在国内的发展现状

一、众筹在我国的发展历程

近年来，随着互联网经济的快速发展，产生了新的金融发展模式，包括众筹在内的互联网金融创新发展模式获得了较快的发展。截止到 2014 年 12 月，全国约有 110 家正常运营的众筹平台，涉及多个领域并获得了一定的成绩。其中，权益类众筹平台达 75 家，主要分布在东部沿海地区。

我国众筹融资起步较晚，但发展迅速。随着互联网金融的爆发式增长，众筹行业将不断进行新的尝试，仅在 2014 年就新增了约 50 家众筹平台，预计未来众筹行业将乘势持续发力，迎来新的行业爆发期。

2009 年，世界第一家众筹网站 kickstarter 诞生于美国，截至 2012 年，融资规模达 3.2 亿美元。

2011 年，中国首家众筹网站"点名时间"成立，引起社会广泛关注。

2013 年，中国众筹行业处于起步阶段，基本形成股权众筹、权益众筹、公益众筹等众筹发展模式。

2014 年，中国众筹行业快速发展，众筹网站数量过百；10 月，京东众筹诞生国内首个千万级项目。

当前，中国众筹行业将继续保持高速增长，形成不同发展模式，行业将逐步进入规范化发展时期。

二、新众筹模式的内在运行机制

"众筹之父"杨勇认为，互联网革命下半场才开始，众筹将"血洗"所有行业。

杨勇是 1898 咖啡馆的老板，他被称为众筹模式的"始作俑者"，他所领悟的"众筹"颠覆了一般理论，被称为"新众筹模式理论"。

以"CBD 投资并购的咖啡馆"为例。咖啡馆是杨勇开始众筹的第一个项目，叫作 1898 咖啡馆，第二个项目是金融客咖啡馆。第二个项目火了之后，大家对众筹的热情一下子被激发了起来。所以如今凡是你能想到的行业，大多在尝试用众筹的方式做点事情。咖啡馆的操作模式是投资金融为 1.2 亿元，200 人每人出资 60 万元。对等的回报是：第一，你投资 60 万元，我给你返 60 万元的咖啡卡；第二，你是两百分之一的股东；第三，承诺 5 年不倒闭。

如何要保证"CBD 投资并购的咖啡馆"项目 5 年不倒闭呢？我们可以算一下账，一年最多亏 500 万元，5 年最多亏 2500 万元，相当于 1 亿元的盘子，项目基本上能活下来。那么，这个项目最大的特色是什么呢？这个咖啡馆主要是针对项目交易。因为 200 个股东是上市公司、大企业、基金、投资公司的老板或高管，要求参与的股东每个月推荐一个项目，每年推荐大概 12 个项目。这些股东的素养较高，太差的项目不会拿出来，所以预估项目质量为 75～85 分（100 分为最优质项目）。由于股东的多元化，有些你认为比较一般的项目，可能对别人来说是很好的。如果能成 1 单，所挣的钱就能达到成百上千万元，相对于所出资的 60 万，物超所值。

众筹原则，首先，强调众筹人数，众筹基本上控制在 200 人以内。其次，强调熟人众筹，因而不会在互联网上去推广运作，陌生人投给钱不会要。最后，强调股份平均，平等感是众筹的一个基础。将众筹分为两种：一种叫陌生人众筹，一种叫熟人众筹。目前，大家所了解的、政府监管的是网上的陌生人众筹，这些都是学的美国。但是在某一个陌生行业找一个精通的人牵头，并不太适合中国。第一，这种模式的前提是需要很多合格的投资者。第二，这要求投资者需要有很高的职业道德。第三，当投资人投资动力不足，不缺钱、没有心理压力，跟他们打交道的都是一些固定的 LP（有限合伙人）的时候，亏钱是很正常的，一个项目挣到钱不会带来太大的利益，但是亏钱的时候会觉得有很大的损失。这种模式作用不大，最主要的原因是中国尚没有很强烈的契约精神。虽然中国人没有很强的契约精神，但中国人很在乎熟人圈里的口碑，利用这一点可以很好地解决众筹项目的信用问题。

什么叫熟人众筹？如果有项目，那么要求出钱的人必须是朋友（两年以上的），这样一来大家就会非常谨慎，因为你不会轻易地要朋友的钱，除非项目非常有把握，就像中国古代建筑的榫卯结构，不需要铆钉就会建得非常坚固。所以做众筹项目本身就是在做两件事情：实惠、圈子。

第二节　南京茶肆众筹环境分析

一、从外部环境分析南京茶肆众筹的动因

（一）茶肆情结

茶一味，心无挂碍。

当你老了，头发白了，睡意昏沉，步履开始蹒跚，味觉慢慢退化，我无法再带着你继续在世界各地走走看看，我无法再为你做各式各样的美食，我该如何继续让你的生活接着有意思呢？让我们回到我们的小城，与你开间小茶馆，静静地品味，品味我们的爱恋，品味我们的人生。在这里我们可以纪念之前匆忙的时光，继续我们

的浪漫。

我们的茶馆不用很大，悠然最重要。就开在我们最熟悉的那条小巷子。店里以灰白色为主，不用奢华的摆设。茶具不用多名贵，素雅就好了，店里放着那些我们旅行中淘来的古书。你那么爱花，门口会给你做一个小花坛让你尽情发挥。你，我，还有家里那只慵懒的老猫，我们在这里一起度过下半辈子吧。

白天，阳光透过玻璃洒在屋内，暖暖的，茶客们仔细品着你为他们准备的茶，从书柜里面选取他们自己中意的书。人多的时候我们各自忙碌，人少的时候我们一起擦拭角落里面的细灰。傍晚，我们就打烊。因为在这里欣赏夕阳西下是我们独有的权利，谁都不能打扰。

当我们老了，开个茶馆。在慵懒的岁月中继续品味神火的馈赠。

就像上面的描述一样，很多人都有茶肆情结，因为茶肆代表一个安逸的环境，一个短暂的休息和思考，一群三五好友在交心，几个家庭在分享，几位合作伙伴在交流和商务谈判。南京茶肆就是以这么一群有茶肆情结的同学和教师为领筹人众筹起来的。为了别人，也为自己，更为下一代珍藏。

（二）发展众筹营销的优势

一是预先实现资本筹集。一般来说，众筹营销有一个具体的筹资期限，在筹集资金期满之前，领筹方会通过在网络平台或会议进行宣传和产品推广，一旦筹集到足够的资金就宣告众筹成功，这就意味着在定制产品投入生产前已经实现了生产资金的筹集，这在一定程度上缓解了生产者的融资问题。这种资本筹集方式为生产企业提供了全新的筹资渠道，提高了生产效率。

二是精准锁定客户群，节约营销成本。众筹营销作为一种新生事物，借助网络平台进行产品预售，具有吸引眼球的效应。同其他媒体宣传相比，众筹营销不仅成本更低，而且更易于在具有相同兴趣爱好的朋友圈里进行传播和推广，使得营销更加精准有效。同时，产品供应方也可以借助产品宣传来推广自身的企业文化，使企业的品牌效应深入人心。从长远来看，小微的网络营销投入必将带出更大的市场价值。

三是实现客户精准定位。众筹项目在众筹之前，都会进行市场调研和目标客户座谈摸底，其实每个人的朋友圈就决定其对应的顾客群体，而且众筹合伙人本身的参与群体也是很好的客户基础。产品的精准定位本身就是提高效率和节约成本的。国内的南京大学校友会"8舍咖啡"还能在上海活跃着，或多或少地体现出它庞大的南京大学校友群体的校友情怀。然而今天产品的定制、原材料的采购，合理安排的生产，通过众筹营销同样可以帮助企业实现零库，相信众筹营销也将绝不仅仅是小规模、小产量的产品营销。

第三节　南京茶肆众筹建设过程和经营现状

一、南京茶肆的众筹建设过程

（一）项目的由来

2012 年 5 月，一群来自全国各地的高级管理人员、企业家相聚南京大学，从此一个叫"春"的班成立了。春班由于人多被编成 EMBA2012-1 班和 EMBA2012-2 班，然而分班不分家，两个班一起拓展，一起上课，一起听讲座，一起游学，一起过节，一起答辩，一起毕业……

然而，在一起两年多的生活很快就结束了，如何让快乐的生活延续，这是摆在八十几位同学面前共同的问题，其中许多同学找各种机会在一起交流、聚餐。每一次相聚，大家又面临同一个问题——在哪聚，怎么去，还有哪些同学聚？生命在于运动，同学在于活动，毕业后 EMBA2012 春班的同学的生活"如何安排好，组织好?"这个问题一直困惑着我们。2014 年 5 月 1 日，八十几位同学，为了纪念这个特殊的感情，也为了毕业后所有同学有一个相聚相会的场所，一个共同的家，经大家提议，拟采用众筹的方式筹建"南京茶肆"项目。

（二）项目的概况

1. 项目名称

南京茶肆

2. 地址

南京鼓楼区清江路 99 号苏宁商贸城二期南侧 660 平方米（一层 280 平方米，二层 380 平方米），初步设计包间 11 个，卡座 9 个，席位合计 120 个，门前可停车 20 辆，并有配套地下停车场。年租金 65 万元，合同期限 8 年，付款方式为付三押二，先付后用。

3. 项目宗旨

做成一家文化茶馆，传播和弘扬中国传统茶文化；友谊平台，纪念我和南京大学同学相识的日子，奠基一份永不毕业的见证，是全体同学在南京的家，引导健康饮食，弘扬中华美食文化，传递正能量。

4. 项目发展战略目标和阶段目标

战略目标：以茶肆为基础，伺机进入文化酒店或与百姓民生相关的行业，如养老、文化等行业。

阶段目标：6 个月内完成旗舰店建设并投入运营；6 个月试运行争取实现盈亏平衡；争取 5 年内自营、直营店增加至 3~5 家。

5. 项目定位及业务描述

与众不同的茶馆，鲜明的 EMBA 特色。项目定位于偏高档次设计装修，偏中档次消费价格。业务上初期经营以茶和中餐为主，兼营糕点、茶点、礼品；达到盈亏平衡点后逐步增加文化艺术元素、小型会议专题讲座及培训等。

（三）项目投资预算

表 3.1　"南京茶肆"投资预算清单

项目	费用（元）	费用详细
设计费	100000	
项目管理费	50000	
港华燃气勘测费	3000	港华燃气已收取
燃气施工设计费	100000	港华燃气公司（预计）
消防设计、施工	120000	660 平方米 ∗ 100 元/平方米含消防器材检测、验收
灯具	50000	
空调全套	170000	26 台外机
地暖	100000	2 台 42 千瓦冷凝炉
装修	1500000	不含灯光、家具
家具	980000	含走道，公共空调展示品
厨房 63 平方米	200000	
室内外绿化	70000	景观和绿植
店招 3 个	30000	树脂精品字
开业筹办费	500000	
房屋租金	1150000	年租金 115 万
合计	7123000	总投资约 512 万

（四）项目的资金来源

1. 众筹分配方式及其他

2012 年 5 月，我们一起来到南京大学，2014 年 5 月，我们上完最后一次课，毕业了，但同学那份感情还在，给 EMBA2012 春班留点什么？众筹南京茶肆，伸出双手，为 EMBA2012 春班种上一棵常青树。

2. 众筹管理

为了切实保障同学的投资权益，将设立"众筹管理委员会"，大家推选孙绪芹为领筹人；顾春秋同学担任秘书长，陈耀同学担任副秘书长，于婷同学担任法律顾问。"众筹管理委员会"负责草拟"投资协议书"，负责对接孙绪芹同学，落实回报红利发放，以及到期自愿退出的同学本金返还事宜。

3. 众筹方式

1 万元为 1 份，共计 360 份，个人最多认购不得超过 10 份。众筹不足部分资金，由孙绪芹兜底。

4. 众筹回报

众筹回报红利以"茶馆储值卡和现金回报"组合方式体现：

茶馆储值卡红利首次回报时间为 2015 年 5 月 1 日，即茶馆开业时；以后每年 5 月 1 日回报。

现金回报红利首次回报时间为 2016 年 4 月 30 日，即茶馆开业满一年时；以后每年 4 月 30 日回报。

本众筹红利所产生的个人所得税各自承担、各自申报。

表 3.2　众筹回报方式

投资额度	投资回报
1 万元以上 5 万元以内	①每年 5 月 1 日，可获得投资额 20%的茶馆储值卡红利 ②每年享受"南京茶肆"专属礼包一份
5 万元以上 10 万元以内	①每年 5 月 1 日，可获得投资额 14%的茶馆储值卡红利 ②次年 4 月 30 日，可获得投资额 6%的现金回报红利 ③每年享受"南京茶肆"专属礼包一份

5. 退出机制

众筹出资同学在茶馆经营满 3 年（2018 年 5 月 1 日）后，可向"众筹管理委员会"提出退出申请，"众筹管理委员会"将安排退回投资本金。在此期间确有困难的同学，也可以向"众筹管理委员会"申请内部转让或退款事宜。

（五）南京茶肆风险分析及防范对策

1. 可能面临的风险

经营风险：主要是达不到预期收益的风险，食品卫生风险，消防安全风险；政策及法律风险：主要是用工方面的风险；资金风险：经营现金流枯竭风险；竞争风险：同行改造升级和价格竞争等。

2. 对策

经营风险：茶肆是一个慢热型投资项目，通常需要 6~12 个月才能盈亏平衡，经营团队的压力是很大的，所以需要众筹团体大力支持，充分授权，后期经营必要时出钱、出力，经营团队全力以赴，共同努力保持茶肆 5 年不倒闭，建设茶肆百年老店。

政策及法律风险：执行国家劳动法，主要是最低基本工资和主要保险，南京茶肆作为南京大学 EMBA2012 春班众筹项目，来南京茶肆工作的员工不存在工资待遇低于国家规定的情况。

资金风险：同学众筹的资金风险基本不存在，但存在经营资金现金流不足的风险，需要主要经营者充分考虑经营风险。

竞争风险：这可能是最主要的风险源。目前的主要竞争对手是"蓝湾咖啡""猫空咖啡""悠仙美地""丹凤雨露"等茶馆，各自有其存在的绝招，可能会产生价格、经营特色和改造升级等方面的竞争。

南京茶肆一是要有自己的特色，二是有南京大学 EMBA2012 春班的背景，三是主要经营人员有敏锐的市场洞察力。

（六）众筹对象及资本募集投向

A 轮是南京大学 EMBA2012 春班全体同学

从表 3.3 来看，南京茶肆资本募集以及投向预算。可以看出，南京大学 EMBA2012 春班同学对南京茶肆众筹项目的支持和认可。

（七）众筹认购进度

2014 年 12 月 15 日前，确认认购份数并签署"投资协议书"。

填写"投资协议书"，打印三份，签名，并快递或送至：江苏省南京市新模范马路 5 号工业大学国家大学科技园 B 楼 18F。

孙绪芹签名后，由顾春秋回寄一份给各投资人，"众筹管理委员会"留存一份。

2014 年 12 月 30 日前，各自将认购投资额汇至指定账户。

汇款后请告知孙绪芹和顾春秋，便于核实到账。

（八）项目进度

2014 年 12 月 1 日开工

2015 年 2 月 8 日隐蔽工程结束（2 月 19 日春节）

2015 年 3 月 10 日—2015 年 4 月 10 日硬建完工

2015 年 4 月 20 日软装结束

2015 年 4 月 20—30 日试菜

2015 年 5 月 1 日试营业

维持日常经营所需投入（经营成本预测，含固定资产折旧，可按月计算，最后折算到年）

表 3.3 项目费用

费用	月（万元）	年（万元）	备注
工人工资	0.37 万元/人 * 27 人 = 9.99	120	估算
房租	75 万元/12 = 6.25	75	含员工宿舍 10 万元
水电气	2	24	电 1 万元，气 1.4 万元，水 0.1 万元
电话网络	0.08	0.96	
物业费	5 元/平方米 * 660 = 0.33	3.96	
维修费	0.1	1.2	
固定资产折旧	250 万元/5/12 月 = 4.166	50	
合计	22.9	275	

二、南京茶肆的经营现状

（一）现在取得的成绩

自茶肆 2015 年 5 月 1 日试营业以来，5 月当月的营业额为 14.5 万元，6 月营业额为 17.1 万元，7 月营业额为 19.8 万元，8 月营业额为 23.4 万元，9 月营业额为 27.4 万元，每月的营业额以 20%的速度增长。南京茶肆菜品的品质和数量随着客人的点评和厨师团队的努力都得到了显著的提高。

表 3.4　南京茶肆 2015 年 5—9 月营业收入（单位：元）

月 份	营业收入	上座人数	人均消费	茶水营业收入
5	145150	1486	131. 3	60472
6	171137	1656	103. 3	61045
7	198150	2168	90. 0	66742
8	234405	2371	98. 9	77427
9	274591	2573	106. 7	90341

数据来源：南京茶肆内部资料

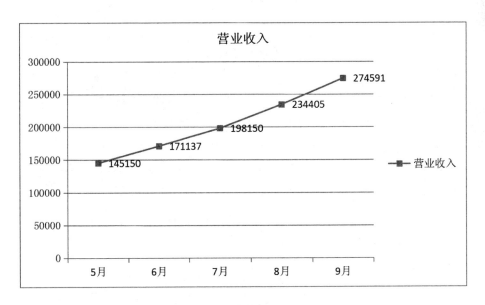

图 3.1　南京茶肆营业收入

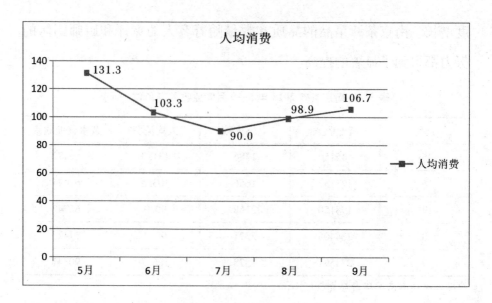

图 3.2　南京茶肆人均消费

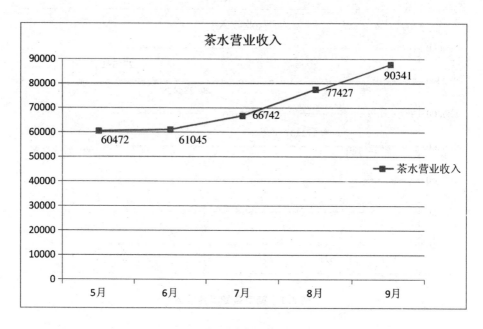

图 3.3　南京茶肆茶水营业收入

　　从图表可以看出，南京茶肆整个的经营状况都是呈现上升的趋势，形势和当初投资计划书中预测的基本一致，人均消费水平在 7 月有一个小幅的下降，下降原因首先是南京茶肆菜品的价格总体有所下调，其次是夏天天气太热、大家没有胃口等。

（二）客户人群和顾客体验

　　茶馆、茶楼，在现在南京居民的印象中，还停留在"蓝湾咖啡""猫空咖啡""悠仙美地"等这些单纯以简餐、粗茶为主打的港式茶餐厅；这些品牌在南京沉淀 10 多年之久，用餐区没有备餐柜做配套，没有设置绿植做空间搭配，顾客在店堂以简餐为主，不做过多停留，产品不是现场一菜一制作，茶品更是简单、粗糙，完全体现不了茶艺和茶品。而近几年有一种新的茶餐厅——瓦库模式的引进，面积在 600~1000 平方米，店里配有茶艺、中餐、蛋糕、水吧、冷菜、面点，一应俱全，主食菜系以现场制作为主，一菜一做，配些休闲茶座和包间。客人用餐时感觉产品新鲜，可以在店里座位上慢慢享用。南京茶肆每个包间都有独立的备餐柜，有窗户，自然且通风，装修以陕西民俗为主题元素，集合南京民国建筑风格，商务人士、对生活有品质要求的人都比较喜欢，抢占了部分高端餐饮会所和茶馆市场，发展势头强劲，但很难复制，因为其投资大，收益慢。南京茶肆餐饮以专业精致、口感纯正为特色。南京茶肆对茶叶的品质要求和泡茶工艺极为讲究。点茶可以续杯，每次泡茶，南京茶肆用专门的小包装分好，绿茶 4 克，红茶 7 克，普洱茶 10 克，水采用中国长寿之乡广西巴马镇的巴马科养水，好茶配好水，好马配好鞍。

南京茶肆根据座位上客人的喜好或口感要求由茶艺师引导进行私人定制，让你在安逸的环境中品茶、用餐，享受品味生活。厨师研发能力也比较强，他们用一流的食材，一流的工艺，做出放心可口的菜肴。

南京茶肆不一定能够满足整个客户市场的需求，但南京茶肆能满足一部分商务群体的需求，满足对生活有品质要求的人的需求。南京茶肆提供的不仅是茶，还有精美的餐，以及一个可以让你安静，让你思考，让你沟通的地方。南京茶肆传承中国的茶文化，弘扬舌尖上的中国菜，引导装修行业返璞归真。

第四节　众筹项目在经营过程中需要注意的问题

一、众筹项目经营过程中存在的问题

（一）众筹对于小微企业的挑战

当前的众筹模式还存在一些缺点，有待近期内解决。以下缺点与股权型众筹特别相关，但并不限于股权型众筹。

1. 欺诈

一谈到欺诈或许是众筹批评者争论最广泛的问题。首先，他们认为，投资者、出资人通过众筹平台资助他们很有可能会落入骗局。

当然存在这种可能，可是不代表所有的都是骗局，只能说在众筹的过程中，欺诈的风险会增加，因为众筹出资人与一般的风险投资者不同，他们缺乏对相关业务的了解，更缺少相关的专业知识。其次，众筹投资人很难身体力行地对项目进行现场监督。所以，预防欺诈和辨别欺诈很重要，必须要维持众筹业的诚信和道德规范标准。预防欺诈大致有以下三种方法：第一，利用社会媒体预防欺诈，例如，在出资人出资之前，通过互联网或者社交网络对创业者进行研究和评估；第二，依靠众筹平台，如今很多的众筹平台都设立了监察组，具备辨别欺诈的规范机制和能力；第三，向熟人朋友众筹，特定的相对稳定的人群是中国式众筹基本条件之一。南京茶肆就是在南京大学 EMBA 同学圈中众筹的，后期适当面向民建鼓楼支部，事实也证明熟人众筹的稳定性和安全性。

2. 众筹项目的可行性

很多领筹人对所选项目或行业并不十分了解，或者调查分析不够透彻，没有详细的可行性计划，甚至初次入行。有的众筹人以为出钱就可以参与管事，其实众筹人和经营管理人应该分开。众筹首先解决资金问题，其次解决营销问题，最后解决参与人的快感和面子问题。南京茶肆参与众筹的人有 56 位，然而参与管理的只有孙绪芹一人。从南京茶肆组织架构看，孙绪芹监督并协助组建经营管理团队，同时孙绪芹又作为法人对众筹委员会和所有众筹人负责。众筹委员会又作为领筹人对大家负责，并且协助孙绪芹解决南京茶肆建设过程中的问题、困难和定位。参与管理的领筹人在获得薪酬的同时，对众筹项目有着不可推卸的责任。

3. 利益冲突和运营风险

任何一个项目的投资人之间都会发生利益冲突，尤其是在项目发起人非公开信息从而获得比大众出资人更高的回报时。众筹活动必须要避免一些人获得比原始投资人更多的利益和更好的投资机会，就是要避免私下开展额外交易。另外，很多刚刚成立的众筹平台在规模和资金上十分有限，只能依靠有限的资源和股东。因此，众筹平台必须加大规模的扩张，扩大资源，提高股东能力。

众筹营销作为一种新生事物，出现在中国市场上，为大家带来了全新的营销方式和模式，很大程度上让我们扩大了事业，为我们的产品销售提供了新思路，但是在发展的过程中也会存在一些阻碍，主要是：适合众筹营销的产品范围相对狭窄；众筹营销还存在监管和法律上的空白；众筹方式还没有赢得普遍认同，融资规模有限。这些问题都急需我们去解决，只有得到合理有效的解决才能使这种新型的营销方式发挥它应有的作用。

（二）发展众筹营销的主要障碍

1. 适合众筹营销的产品范围相对狭窄

最初，众筹就是帮助那些有梦想而缺乏经费的艺术家或艺术项目达成愿望的。因此，众筹营销在影视创作、艺术展览等领域应用较多。目前大多众筹营销项目也仅限于设计、影视、音乐、游戏、摄影等范畴，随着电子化、信息化的发展，近几年的科技创意产品、电子化产品的开发也使用了众筹营销方式，但多数众筹平台只能吸引处于初级阶段的创业者或是一些低门槛的项目。这种带有"私人订制"特征的营销方式对大多数产品特别是一些具有核心优势的项目来说适应性仍然不高。未来在现代服务业，众筹也会有大的发展，如宾馆、茶馆、理发、洗车等。

2. 众筹营销还存在监管和法律上的空白

众筹营销涉及资金代管，但目前众筹网站尚未纳入金融监管。一方面，众筹被视为互联网金融的重要创新，备受业内人士关注；另一方面，从业者和推广者却在极力撇清与金融的关系，以免触碰监管边界。在法律上，众筹营销与非法融资存在界限模糊的问题。目前各众筹营销网站都宣称众筹不是非法融资，都明确项目发起人不能以股权和资金作为回报，也不能许诺任何资金回报，但是对于如何规避司法解释中的以实物形式来给付回报的约束，仍然存在模糊的空间。

3. 众筹营销方式还没有赢得普遍认同，融资规模有限

首先，作为新生事物，社会公众对众筹营销认识不足，不习惯甚至不愿意为尚未成形的产品提前付款；其次，由于存在对众筹营销的监管与法律空白，公众对众筹平台缺乏信任，将风险问题的态度大而化之，阻碍了众筹营销的顺利实现。这也使得产品生产方通过众筹取得的融资规模受到限制，难以真正发挥融资的作用，而更多地体现为一种营销手段。众筹营销在发展过程中遇到的各种阻碍是不可避免的。如何有效地规范其发展，使得众筹营销发挥其应有的积极作用，是我们要关注的重点。

还有很多参与众筹的人，对众筹的收益率寄予了太高期望值。其实众筹的核心是帮助大家解决个人难以处理的麻烦问题，同时从

众筹中取得快感，加深感情，寻求合作共赢。如果想从众筹中获得经济回报，是很难在短期内实现的。南京茶肆的首要目标就是利用可持续的经营，给众筹人提供长期的交流平台，传播中国茶餐文化，传递人间正能量。

二、众筹项目经营过程的保障措施和展望

（一）众筹项目经营过程的保障措施

一个众筹项目的管理，本身就是一个复杂的系统，众筹成功要包含以下三点：第一，项目本身要有生存能力和盈利能力，假如说项目本身不具备任何的投资价值，那么又怎么会有人进行投资，所以说项目的好坏以及是否盈利直接影响着筹资是否成功；第二，资金和参与人数要达到预期计划效果，一个项目必须具备发起人、筹资人、出资人、管理者等，光有资金却没有人进行管理，那一样会成为一盘散沙；第三，众筹是一项成功了所有众筹人皆大欢喜，失败了必须自己承担最大损失和最大责任的事情。领筹人要有牺牲精神、奉献精神和专业能力，南京茶肆可以说是一个集天时、地利、人和于一体的众筹项目，并且做好了充分的保障措施。

（二）众筹项目未来的展望

目前，创新创业蔚然成风，互联网精神及技术所带来的新型投融资模式，将深刻地影响中国经济，主要体现在：一是众筹有利于

缓解小微融资难的问题，鼓励创新创业；二是有利于丰富投融资渠道，刺激金融创新；三是有利于引导民间金融走向规范化，拓展和完善多层次资本市场；四是有利于分散融资风险，增强金融体系的弹性和稳定性；五是有利于创造就业机会，促进技术创新和经济增长。作为我国互联网金融六大模式之一，众筹拥有强大的爆发力及良好的前景。

1. 国内众筹模式监管状况：股权众筹逐渐规范化

2014 年 12 月 18 日，中国证券业协会发布了《私募股权众筹融资管理办法（试行）（征求意见稿）》（以下简称《意见稿》），该征求意见稿就股权众筹监管的一系列问题进行了初步的界定，此次《意见稿》的发布，加速了股权众筹行业的监管框架的完善。相较于商品众筹、债权众筹，股权众筹是高风险的投资品种，天使投资一般也只有十分之一的成功率。此次《意见稿》并未对进入标准提出过高的要求，但对投资者实施适当性管理制度。作为互联网金融的新兴业态，股权众筹的重要性已获得政府认可。

2. 中国众筹市场发展运营情况：股权类众筹发展速度加快

根据清科集团旗下的私募通统计，2014 年该 13 家众筹平台共发生融资事件 9088 起，已募集总金额 13.80 亿元人民币。其中，股权类众筹事件 3091 起，已募集金额 10.31 亿元；奖励类众筹事件 5997 起，已募集金额 3.49 亿元。

表 3.5　中国典型众筹平台数据统计

众筹种类	融资事件（起）	已募集金额（万元）	预期融资金额（万元）
股权类众筹	3091	103112.00	350329.00
奖励类众筹	5997	34946.19	28089.77
合计	9088	138058.19	378418.77

数据来源：私募通

　　2014 年该 13 家众筹平台预期融资金额 37.84 亿元，其中奖励类众筹预期融资金额 2.81 亿元，占拟融资金额的 7.4%；股权类众筹预期融资金额 35.03 亿元，占拟融资金额的 92.6%。

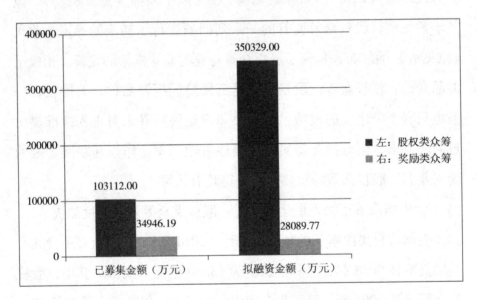

图 3.4　2014 年中国典型众筹平台已募集金额与拟融资金额对比

　　从图 3.4 可以看出，股权类众筹融资金额占所有众筹融资金额的 74.7%，大大高于奖励类众筹融资金额所占比重。但从预期融资金额上来看，股权类众筹领域仍存在巨大资金缺口，其融资需求超

35 亿元，但实际市场资金供给金额仅占资金需求的 29.4%，这一组数据也侧面反映出我国中小企业融资难、融资渠道有限等问题；而奖励类众筹投资对象是某个具体项目而不是新创立的公司，并不能像股权类众筹一样真实地反映中小企业所面临的生存现状。

目前，国内奖励类众筹对项目募集规定为在规定的时间内未能募集到预期融资金额，已募集的资金将退还给投资者，但其实投资者有投资意愿并已经发生了实际的投资行为，由于平台制度问题或未到募集结束时间，该供给行为未能成功，故本部分数据分析全部采用线上项目数据。通过对国内 9 家奖励类众筹平台的项目数据进行统计，2014 年在奖励类众筹网站中，京东众筹、众筹网、淘宝众筹各项数据均领先于其他平台。在项目数量上，众筹网以 1964 的项目个数遥遥领先；支持人数低于淘宝众筹和京东众筹；从已募资金额来看，众筹网占比 17.6%，众筹网在奖励类众筹平台中发展速度较快。在募集金额上，京东众筹于 2014 年 7 月上线，是继供应链金融、消费金融、支付业务及平台业务之后，京东金融推出的第五大业务板块。

众筹模式在 2011 年来到中国，一大批众筹网站相继成立并快速发展，互联网金融创新正在改变以往创业投资的传统理念，各类众筹模式的兴起也正日益拓宽大众投资的新兴渠道。2014 年 11 月 19日，李克强总理在国务院常务会议上首次提出，"要建立资本市场小额再融资快速机制，开展股权众筹融资试点"。随后，2014 年 12 月18 日，中国证券业协会发布了《私募股权众筹融资管理办法（试行）（征求意见稿）》。监管规则的出台将对行业产生促进作用，众多有实力的机构加入众筹行业，进一步扩大众筹市场，点燃众筹创业激情，我国众筹行业在 2015 年迎来了快速健康发展。南京茶肆在 2015 年 5 月初正好赶上了这班车，如东方新升起的太阳正普照着南京石头城和众多众筹人。

　　众筹作为一种依托互联网的融资与销售模式，开始进入中国市场，并获得了比较快速的发展。众筹并不是万能的，并不是所有的众筹项目都可以成功，其中需要花费大量的人力、物力。南京茶肆之所以能活着，且未来也许会活得很好，是因为它不仅抓住了地道中国餐加上传统中国茶的新商业模式，还有其淳朴、自然、务实的设计装修风格，同时还具备了天时、地利、人和的因素。天时，政府反腐倡廉，提倡节约，弘扬中国元素，而茶肆是中国民居、人文的缩影；地利，南京茶肆地处龙江以南、奥体以北、南京大学以西、江心洲以东，汇文、银城双学区，地理位置优越；人和，南京茶肆由南京大学 EMBA 八十几位同学 A 轮众筹，同时 9 月盈亏平衡后针对民建鼓楼支部会员推出 B 轮众筹，每位众筹人既是消费者又是传播者。

第四章　南京茶肆内部条件分析

第一节　南京茶肆简介

一、背景介绍

南京茶肆成立于 2015 年，是由 EMBA2012 春班的学生通过众筹成立的。刚开始南京茶肆众筹成立的目的主要是让学生在毕业之后能够有一个固定的聚会场所，但是从实际经营效果来看，南京茶肆的经营状况已经远远超出预期。2015 年 5 月 1 日，南京茶肆第一家门店东宝路店正式开业，该店位于南京鼓楼区清江路 99 号，总面积为 660 平方米，其中一楼 380 平方米，二楼 280 平方米。同时，店内设计包间 11 个，卡座 9 个，席位合计 120 个，门前可停车 20 辆，并有配套地下停车场。店铺邻近有多所大学，包括南京审计大学

（莫愁校区）、南京商业学校、南京大学（鼓楼校区）、河海大学、南京师范大学等，同时，附近还有一些公司、企业和事业单位等。南京茶肆是一家偏休闲的餐饮机构，不仅仅提供一些茶水服务，而且还提供就餐、棋牌等各类服务。南京茶肆自成立以来，凭借着广泛的人脉关系、优质的客户服务以及精致的菜品和典雅的环境，吸引了一大批忠实客户，不仅营业额呈现出稳步上升的态势，而且净利润率也在不断提高，2018年茶肆的净利润率达19%。2017年12月，南京茶肆仙林店正式开业，这家店铺则是邻近南京大学（仙林校区）、南京信息职业技术学院、南京理工大学紫金学院、南京体育大学（仙林学院）、南京邮电大学（仙林校区）等高校，同时，附近还有一些居民区，如保利罗兰春天、万科金色领域、天佑苑等等。南京茶肆仙林店在开业以后也取得了非常好的效果，而且经营业绩甚至在短时间内就超过了东宝路店，店铺也获得了消费者的一致好评。

二、管理架构

2014年4月，南京茶肆基本完成其硬件装修工程，软装和家具布置也基本结束，4月初南京茶肆首批管理框架基本达成，包括南京茶肆店经理、前厅收银、前厅水吧、后场大厨、二灶、切配员等人员。从4月1日采购厨房日用品，4月2日热锅，4月3日给装修收尾的工程队做员工餐，4月10日以后茶肆就小范围宴请些朋友来试菜，边试边增加品种，边寻找原材料，边调整口味，直到2014年

5月1日才对外试营业，试营业期间客人反馈，店员虚心聆听，用心沟通，最后逐步完善。

图4.1 南京茶肆首期经营团队

南京茶肆经营团队首期安排有，总经理：孙绪芹，店长：周峰，厨师长：蒋飞，茶艺经理：马小敏，前厅经理：张翔，领班：赵秀玲和韦荣，出纳：孙洁琼，库管：吴玉珠，部分岗位一人兼多职。

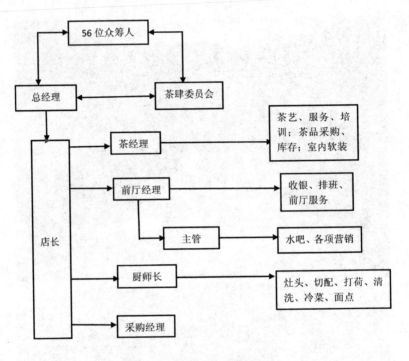

图 4.2 南京茶肆管理结构图

南京茶肆的管理架构具体如上图 4.2 所示。南京茶肆基本沿用现代的企业管理机制，其中，56 位众筹人类似于股东大会，是南京茶肆最高的权力机构；南京茶肆众筹管理委员会类似于董事会，负责南京茶肆一些重要事项的决策和管理。同时，在南京茶肆众筹管理委员会下设置了总经理，由对众筹资金不足部分进行兜底的同学担任，也是由该同学具体负责南京茶肆的日常经营和管理。另外，南京茶肆还根据经营管理中具体事项的分类，明确了不同条线的人员管理。由店长统筹负责店铺管理的相关事项，例如，日常的营业运转、人员安排和调整、菜品调整等。店长下又设立了四条线，一是茶经理，主要负责茶艺的服务和人员培训、茶品的采购和库存安排、室内软装等；二是前厅经理，主要负责服务人员的排班、前厅服务培训、收银以及各项营销活动等；三是厨师长，主要负责后厨的统一管理，包括清洗、菜品搭配、灶头、面点等；四是采购经理，主要负责根据其他条线要求进行食材、茶叶采购等。可以发现，南京茶肆有着一套相对清晰、合理的管理机制，这对于提高其内部管理和服务效率具有重要的支撑作用。

第二节　从内部环境分析南京茶肆的必要性和意义

一、南京大学商学院 EMBA 项目简介

钟山巍峨，秦淮旖旎。南京大学坐落在人杰地灵的六朝古都南京，拥有深厚的历史底蕴和文化内涵。千年的寺庙，百年的高校。南京大学这所拥有百年历史的著名学府，为中国发展、时代进步培养了一批又一批的优秀人才。

南京大学的前身在三江师范学堂时期 1902 年就设有商科，1921年商科改作商学院，1928 年改名中央大学商学院，是中国第一所在综合大学创设的商学院；1952 年南京大学院系调整时，南京大学的

经济学科和管理学科调整到其他院校。1978年，南京大学恢复经济学系，1986年成立管理学系，在此基础上，于1988年成立南京大学国际商学院，2000年更名为南京大学商学院。南京大学商学院建院以来，始终以"育一流人才，出一流成果，为社会提供一流服务"为宗旨，以"创造商学新知，拓展学生才能，引领社会未来"为使命，在学科建设、人才培养、科学研究、社会服务和国际交流等方面取得了显著成就。

2002年，南京大学商学院首批获教育部批准开办EMBA学位教育，迄今，已经培养了近2000名优秀的高层管理人员获得EMBA专业学位。南京大学商学院以其深厚的历史人文积淀和专业化、国际化的视野，成功地打造了在全国名列前茅的EMBA学位教育品牌。

全球一体化背景下，面对复杂多变的经济形势，为了提高组织管理水平，提升把握市场、应对风险、睿智决策的能力，许多在商场、职场打拼多年的管理精英纷纷重返校园，用EMBA教育带来的先进管理理念和丰富的校友平台资源，为事业的腾飞注入新的活力，为企业发展带来更广阔的空间。南京茶肆正是在这样的背景下，通过众筹模式筹建并发展的EMBA教育成果。

二、南京大学 EMBA 的一群人

我们南京大学的一群人，因为不忘初心、团结友爱，希望有一个惬意的地方让我们放松心情随意遐想；我们南京大学的一群人，相聚在南京大学，为了追求知识；我们南京大学的一群人，共建南京茶肆，为了追求友谊。这里有可爱的老师和可爱的同学，品茗怀念时光，感叹人生易老；南京茶肆是我们的小家，更是南京大学人的大家。

"诚朴雄伟，励学敦行，全力培养和打造南大系企业家"是南京大学 EMBA 教育始终坚持的方向，也是 EMBA2012 春班筹建南京茶肆的动力之一。海纳百川，有容乃大，我们欢迎社会英才加入众筹项目南京茶肆，结交有识之士，助力事业腾飞！

三、众筹南京茶肆的意义

南京茶肆——不忘初心

南京茶肆

起于 2012 年 5 月

那一年 80 多位同学

相聚于南京大学

那一年南京大学有一个叫春的班

明明是春

却如夏之刚烈

明明是春

却如秋之灿烂

明明是春

却如冬之静美

诚朴雄伟

励学敦行

这是南京大学校训

也是南京大学学生铭记于心的人生格言

在青葱的校园

他们怀揣着最初的梦想

积极向上

毕业后

他们成绩斐然

可依旧心中有所遗憾

想圆彼时的创业梦

希望有一片净土

可以与挚友促膝长谈

就算青春逝去

也仍旧不忘初心

这便是南京茶肆背后的故事，不掺杂任何的杂质，只是一片冰心，方得始终，南京茶肆，茗者好客，清风自来。

你们在经营茶馆吗？不是，我们在经营同学感情。

你们在经营人脉圈子吗？不是，我们在为同学们搭建交流平台。

你们南京茶肆以宣传南京大学为主题吗？不是，我们南京茶肆以传播中国传统文化为己任，传递人间正能量。

在经营南京茶肆之前，作为领筹人，笔者和妻子 A 经历过这样一个案例。很多人都有一个创业的想法，想拥有自己的小事业，排除万难，笔者的妻子 A 开了一家"摩尔森林"面包房。

2013 年 11 月，终于有一个相对优质的房源（三牌楼大街 240号，面积 120 平方米，年房租 18 万元）。经过多方努力才得以与房东签订租房协议。

2014 年 2 月，经历两个多月的考察，装修和筹建"摩尔森林"终于开业了。总投资约 50 万元，开业第一天销售和充值金额达到 2万元，以后一个多月的销售额也持续在每天 6000~8000 元。一个新的行业出现，一个大家都看好的阳光行业在运行，A 和笔者都多了几分欣慰。

然而 2014 年春节过后，"五一"前后销售额已降到每天 4000 左右。到了 2014 年 8 月销售额跌至每天 2000 元。这时我们才感觉到：（1）新的商业模式是需要时间沉淀的；（2）食品行业不是谁都可以做的；（3）不是你用心你就可以做好一件事的。刚开业后的几个月里，A 和几个朋友整天还想去发展分店，偶尔还为新店的选址大费脑筋和精力。而现在才低下头来思考，眼下这个店该如何摆脱困境，扭亏为盈才是棘手的问题。

这个店是 A 和她的团队一手打造的，笔者在"摩尔森林"盈利的情况下，没有关心过它的经营，而在赔本时，笔者才关注到问题容不得马虎，因为这已经影响到我们家庭的生活了。笔者拿起计算机给"摩尔森林"算起了账来。

房租：18 万元/365 天≈490 元/天

人员：前场 6 人，后场 6 人，采购 1 人，财务 1 人，总经理 1

人，总计 15 人

人均工资：3000 元/人 * 15 人/30 天＝1500 元/天

水电费：10000 元/30 天＝333 元/天

直接成本：490+1500+333＝2323 元/天

装修折旧：50 万元/4 年/365 天≈340 元/天

维修成本：1200/30＝40 元/天

间接成本：340+40＝380 元/天

一天总成本：2323+380+40＝2743 元/天

作为店面夏天淡季时销售额为 3000 元/天，毛利为 60%，即为 1800 元利润，小于 2323 元。

"摩尔森林"冬季销售额为 4000 元/天，即为 2400 元利润。

笔者把这些数据给 A 看，然后 A 在不服气和不认账的情绪下做了一些调查。

（1）"摩尔森林"产品不行，没有拳头产品，没有特色，整体口味一般，有些工艺很落后。

（2）老板不管原料，不懂工艺，面点厨师长只做自己会做的事情，不能与前场交流，不关心顾客需求。

（3）没有做好产品营销和网络团购。

2014 年 10 月公司配了人事专员，在人才招聘上长期招聘合适人才，为公司在人才引进上，打开了一道门。人才是企业生存之本，人才是企业第一生产力，人员上也进行裁员和人员优化升级。

转眼之间已经是 2014 年 11 月了。A 再也不去张罗开分店的事了，她已经换了厨师长，开始研究和寻找新产品，而且在面包和西点中摸索。

蛋糕房，在我们的印象中，还停留在"克里斯汀""元祖""冠生园"这些是单纯以蛋糕、月饼为主打的饼屋；这些品牌在南京沉淀 10 多年，面积一般为 50~70 平方米，当然，没有水吧做配套，没有设置休闲座位，顾客在店堂以采购为主，不做过多停留，产品不是现场烘焙制作，以中央工厂配送为主；但是，品牌知名度高，有一定的顾客群。而近几年国外品牌如"85 度""巴黎贝甜"，国内品牌如"面包新语""红跑车"打入了中国市场，他们店里的面积都在 100 平方米以上，店里面包、蛋糕、水吧、包装食品相对齐全，面包以现场烘焙为主，配些休闲茶座，客人购物时会感觉产品新鲜，可以在店里座位上慢慢享用，也可以打包带走，连锁经营，所占市场的口碑较好，广告营销力强，年轻顾客比较喜欢，同时抢占了部分连锁餐饮品牌市场，发展势头强劲。但是，由于机器批量生产，加盟店没有核心技术，产品口感一般，面对顾客的个性化需求，无法及时满足。还有一类西点屋如南京大学附近上海路的"云中食品"，以及江苏路的"美丽心情"蛋糕店，他们以专业精致、口感纯正为特色，经营研发能力强，用一流的原料，一流的技术，做一流的产品，蛋糕、西点可以为顾客私人定制，按重量销售，很受白领和懂行的食客喜欢，但店面不多，店面布点发展比较慢，以老板个人投资为主。

我们到底要走哪条发展路线，战略决定方向，方向决定发展，专业决定品质。我们开始没有效仿"克里斯汀"的发展模式，却在追随"85 度"的店堂风格和布局，然而经营了 2 年我们发现，单体店是无法与连锁店相比的，营销宣传，标准管理，中央工厂配送，还有背后强大的资金实力和人员团队力量。我们转向学习"云中食品"和"美丽心情"，走专业化、品质化路线。我们不能服务好整个南京市场，我们就服务好南京市场中一小部分客户，用心做好食品，我们在烘焙行业没有能力快速发展，因为一个新店就像一个新生儿一样，成长需要时间，需要多次跌倒，多次爬起，屡败屡战，此外还需细分市场，服务于部分客户群体。

A每个礼拜都去外面品尝些新产品，带上她的团队去看、去学，然后回来研发，她也经常和优秀店面老板或厂家供货商沟通学习，去西点培训学校招聘人才，我也偶尔陪她去参加一些国际上的食品展会，然而，食品行业博大精深，中国食品历史悠久，丰富多彩，我们尝试做食品行业，必定是长期的、艰巨的。路在脚下，有了方向，只要坚持不懈，似乎就可以见到光明。

A在追求甜美的食品事业，找健康的食品，找令人开心的产品，民以食为天，让身边人因美食而健康、快乐。

上面的案例作为一个创业者经历还是非常辛苦的，不努力一定不会成功，然而，努力也不一定就会成功。产品是一定社会阶段的产物，是一群创业者用心观察、分析、研究的结果，创业的最高境界是创造一种新的商业模式，更好地满足社会需求。然而又有多少团队能够做到。历史的车轮总是要人去推的，众筹南京茶肆似乎也是一群人带着一种历史使命去完成的，人还是要有点梦想的，万一实现了呢。

第三节　南京茶肆定位及组合策略

南京茶肆的中国地道茶餐组合模式，在引领中国现代茶馆的变革；南京茶肆的装修样式，在引领中国建筑、装修的返璞归真；南京茶肆用心、用情传递着正能量，在引领我们早日实现中国梦。前面章节我们分析了南京茶肆的筹建过程及目前的经营现状，下面我们来进一步理清南京茶肆的定位，从而对南京茶肆组合营销策略的选择做出分析并制定相应的规划及目标。

一、南京茶肆定位

（一）南京茶肆的环境设计

缘于生态生活情结，一直想做个生态淳朴的茶馆。比如，像民俗一样的院子，可供人喝茶、聊天、用餐。在富有历史沧桑的南京大学，读了3年书，其间对乡村文化十分怀念和向往，看了南京古城墙边老崔茶馆，参观了高淳老街，体验了六合民宿的开阔，去了两趟罗宿同学在苏州开的那家古色古香的茶馆，有平静之美，又有流动的和谐，多方周折，打听到一位装修高人，他以做陕西民俗、古建筑修建而闻名于圈内，便欣然致电，说来也巧，他在河南刚做完一个茶舍，完全是以生态手法定制的，于是多次沟通，达成项目合作。

图 4.3　南京茶肆店招

1. 外围环境设计

南京茶肆集朴素的设计观、务实耐用的价值理念、舒适自然的客户体验于一体。南京茶肆首先遵循自然原则，将阳光和空气引进室内，自然且通风；利用"土、木、砖、瓦、石"最基础的材料元素，做到简约不简单，室外材料室内用；主材以用老不用新的原则，老木新做的方式，采用传统工艺制作，多用电风扇少用空调。

南京茶肆是一个老题新做的项目，它"来自哪里？"，我"要去哪？"，众筹小组经过多次考察，目睹老皖南 400 年的沧桑，尽管断壁残垣，破败不堪，但老宅的精气神，老宅的气场仍让他们印象深刻。皖南宏村墙面的白，经过了百年的沧桑、斑驳、脱落，是岁月在上面刻下的历史的沉淀。瓦楞上长出不少青苔，甚至在墙缝中也生长了一丝绿芽，在初夏阳光的照耀下，显得格外旺盛，格外有生命力。经历了百年的风雨沧桑，经过木柱开裂宅的自然包浆，南京茶肆尽显历史痕迹。

在城市化进程中，人们过于迷信城市繁华昌盛，过于迷信奢华空间，过于迷信西方早已过时的欧式、法式和地中海等，其实和中国人的生活一点也不相符。南京茶肆却反其道而行，将建筑基础材料"土、木、砖、瓦、石"当成室内主力使用，也就是室外建材室内用。这些曾经历过太阳暴晒、风雨侵蚀的砖、瓦、石放在屋内和院落里自然多了几分灵性，更何况是回收的老料新用。从"五行"逻辑梳理，"土木砖瓦石"均来自"土"。土既能承载和孕育"土木砖瓦石"，又能对这些来自"母体"的材料基因有一种天然的包容。正因为"土木砖瓦石"是来自大地，它显然最亲近人类。一些从苏北、江南、安徽、北京等全国各地收集来的老砖、老木、古石，手感俱佳，脚踏舒服，上面不仅留有人的汗液、温度，同时还有历史的沧桑与沉淀。"老料新用"给客人一种久违的温暖和问候，也成为南京茶肆的一大看点。

古人在"榫卯"木结构，在"斗拱"装饰历史上书写着古宅的文明与辉煌，南京茶肆执着迷恋于"土木砖瓦石"，甚至想用一种材料玩纯粹、玩空间、做减法。

图 4.4　南京茶肆外部环境图

2. 室内环境设计

既然叫茶肆，"肆"字就显得格外重要，要放肆，要肆无忌惮；其次才是"茶"，有"茶"就要有"味"，有"味"才有文化档次；只有文化档次，才尽显茶肆品味。然而，如何在南京茶肆"肆"字上做足文章，是不容易如愿的。茶肆既没有吊顶，也没有门套，既没有窗套，也没有踢脚线。客房家具也都是从北京高碑店和皖南民俗中收过来的，有的家具甚至没有一个抽屉、一扇门，有的家具收回来二次修补换几条腿，补了个面子，但仍然保持原来的属性。南京茶肆在室内设计中突出做空、留白，做足地域文化，做朴素设计这一"文风"。

但要在安全、消防上永久性地解决这些问题，同时在审美层面不减分的前提下，并非易事。比如，在对消防栓的设置上，没有安装消防门，既节省了紧急情况下开门锁的时间，裸露在外折叠的消防水管与红色的喷嘴就像个小型艺术装置，又颇有点文艺范。复杂问题简单化，这是南京茶肆处理空间的原则。南京茶肆不允许有多余的东西。比如，一层的平面管线从二层地面走，坡顶的管线，从瓦楞和木板中间走，所有墙面使用水泥粗砂肌理，再掺入白色环保乳胶漆，干透了无比坚硬，这样做既保住了层高，扩大了空间，又降低了成本，整体简洁效果显而易见。

同时，南京茶肆还沿用苹果手机直角圆润的手法，对卫生间进行实用性处理，面盆用些老的石器猪槽、牛槽改造，释放农村舒缓情绪，包括夜灯微亮设计，楼梯走道间的木制扶手等人性化细节设计，都给南京茶肆舒适度加分不少。平面空间借用立体空间展现室内，错落有致，让平面空间更加饱满。地板设计方面，使用的材料均是回收旧料，褪去旧料腐蚀之处，裸露其木纹真实面目，不刻意油漆装饰，突出对环保与生态的呵护。

另外，引进阳光，引进通风，最大范围地解决室内通风问题。比如，在对每个楼层采光和通风处理上，南京茶肆十分讲究引进阳光和通风的同时，还别出心裁地在窗台和走道上引进一些植物和花卉，设计花园茶馆如家的概念。南京茶肆不仅将走廊与楼梯斜向挑空，以模拟水循环的手法处理得通畅无比；楼梯口防火意识也非常到位，设有防火门。尤其是楼梯丁字口上，不仅让上方楼梯拓宽走廊有所避让，而且为保证走廊通风，在东西和南北走向两端走廊，近楼道下方均开了口子做通风处理。比如，在选择瓦片与红砖接缝时，南京茶肆选了与民国时期的红砖在色泽和肌理方面上相对应的东西，包括接口的水泥颜色处理都与瓦的色泽和肌理统一，这就是明清、民国与现代审美三者"嫁接"最合适的东西。

　　大堂地面的砖，暗红、深灰、藏青，似乎组成了一个砖的交响乐；不同的红，不同的表皮肌理，组成了不同红色的微差美，将砖的表面肌理和色泽做了非常有趣的诠释。前台砖桌面——砖与砖的分界线表面，居然有层透明膜，平滑而舒适。大厅五蹲青砖堆砌而成胡立柱，其散发的敦厚、实用和平和令人回味。很难想象，作为一家茶肆，它既传承陕西民俗的特点，又保留了江南的俊秀和文雅，同时又将"南京茶肆"这篇文章控制得如此简明扼要、干净利落，可称得上通晓南北地域文化设计的先锋。

　　南京茶肆有不少看点，在构思其创意时，通常在梳理南京茶肆的个性在哪？品味又在哪里？稀缺资源又在哪里？观光客看重的到底是什么？在寻找设计的历史痕迹的同时，也在营造都市人最在乎的度假闪光点。这里面对四个朝代的历史渊源梳理，面对历史气息和历史文化聚焦、释放，面对南京茶肆的"拿捏"，面对"茶"与"肆"的尺度诠释，面对传承"茶肆"而保留民国元素融为一体，南京茶肆似乎都做到了……

二、南京茶肆的菜品和茶品

（一）南京茶肆的菜品

中国的餐饮文化博大精深，看了《舌尖上的中国》，大家似乎才明白中国餐饮和德国制造一样有着很深的底蕴。

南京茶肆所选之食材，根据节气及时令更新，顺天时应地利，传承自然之道；而除健康之外，还崇尚美味至上，更难得之处在于，每一道菜的惊艳都源自食材的原味。南京茶肆的菜式，讲究技艺德魂，以碟作画，以健康见佛心；在物质丰盛中，品味平衡、淡然、慈悲。饭疏食饮水，曲肱而枕之，乐亦在其中矣。

历时 5 个月的研发，南京茶肆秋季新菜已于立秋上架：

1. 莫奈花园

酿入小核桃的香梨，用红酒醇封

红甜菜与柠檬酱，低温中烤出薄脆

三色堇、苦细叶、小樱桃萝卜

以莫奈花园之名，幻想味蕾的旷世之作

2. 西双版纳

荷仙菇围叠藕片之上

香茅草、罗勒叶、小米椒酱

似热带雨林的酸辣爽脆

这是舌尖的西双版纳

3. 我是百合

甄选兰州六年上品鲜百合配上茶树籽油

口感香甜，舒而不腻

（二）南京茶肆的茶品

中国是世界上最早发现和利用茶树的国家。远古时期，老百姓就已发现和利用茶树。

　　一泡茶，从生于泥土砂岩，长于山尖云雾，历经与母体的分离之痛，再到受炒蒸压揉，缩了身心，卷了言辞，沉静而睡，藏一世情愫，如安静入眠的婴儿般，只待再度重现欢颜。

　　手抚茶儿，同见证了时光荏苒的她对话，所需要做的就是如何将她唤醒，如同清晨唤醒沉睡的幼儿，轻抚？亲吻？如是醒茶，不似唤儿？入心于此，怎能忍心醒茶之时猛冲浇淋。

　　茶，几经辗转，当再次展现宠幸她的人儿面前，历时或长或短，尘土杂气沾染亦在所难免。

　　洗茶，为茶儿沐浴淋淋，洗去一路风尘，一如美人般，总希望自己以最美的容颜呈现。

　　醒了茶儿，润了"佳人"身心，又为给坐等品茶的人儿一个静下来喝到茶的"一休"间隔，一如"一念"的距离。一念前，茶是茶，水是水；一念后，茶是水，水是茶。一念，一呼一吸间，静虑入定，只待茶水入心。

　　当你在"醒茶"时，你已在与茶进行第一次交流；当你在"洗茶"时，你是在为"茶为你所用"完成一个虔诚的仪式。

　　洗了茶，稍待静止一分钟，给茶儿从外到内的缓慢浸润的时间，如同柔美的体操运动员做好了充分的热身，她会尽展华美、为你更浓情地释放。

　　你不得不惊叹，茶，沉寂于瓮，复活于水，从此长驻吾心，她的生命已在自己的生命里延续。

三、南京茶肆的组合营销

（一）南京茶肆文化

"采菊东篱下，悠然见南山。"我们都曾渴望过，远离都市的喧嚣，没有车水马龙，没有霓虹闪烁。

在喧闹的城里有我们一栋小房子，一条溪水流过，花开四季，云淡风轻。

年轻的时候，我们总向往那个所谓江湖，商场明争，职场暗斗，总是许诺我会赚很多的钱，让你过更好的日子，可是不曾想过彼此陪伴才是最美好的生活。

人有多远，江湖就有多远；人在哪里，哪里就是江湖。这话总会成为让一些人想要跳出圈外的借口，其实，只要你努力，一咬牙一狠心，就会迎来一片山清水秀。

我们可以在山下种一些粮食和蔬菜，还有一路的花草，生活并不会为难你，只要你心态够好，日子同样可以过得很好。

即便是没有喂马劈柴这些诗意的生活，满眼的翠绿，扑鼻的花香还是有的，猫倒是可以养一只，懒懒的，也多了不少乐趣。

山下的雪也洁白得多，小屋的檐下还挂着长长的冰锥，在阳光下闪闪发光。

不需要闹钟，日光从山顶移到山腰的时候，我们就知道起床的时间到了。

只要不是危及自己的生命，何必让生活仓促得晕头转向，不分东西。

当然了，山下的日子不是与世隔绝，我们同样需要生活，只是这生活慢了很多，曾经是江湖策马，现在是天涯看花。

别人笑我太疯癫，我笑他人看不穿。

人生不过几十年，总要留给自己一些田园牧歌的时间，不然你或许永远不知道山有多清秀，天有多蔚蓝。

人生未老之时，不妨拂衣而去，归隐山下。

淡了刀光剑影，忘了恩怨情仇，江湖从此逝，一叶入扁舟。

（二）南京茶肆试营业 5 个月的营销政策

从 5 月 1 日到 6 月 30 日在南京茶肆消费全场 9 折，采用直接给顾客让利的方式，让来消费的顾客感受到优惠，让支持我们的顾客省钱快乐。

自 7 月 1 日到 7 月 15 日来消费的顾客除了全场消费 9 折以外，还享受现金支付满 100 送 20 消费卡，此活动双重优惠，既感恩顾客给我们服务的机会，我们又给顾客再来一次优惠的机会。

8 月 16 日起我们取消了全场消费 9 折的活动，继续推行现金买单满 100 送 20 消费卡活动，同时提出拿出南京茶肆 5% 的营业额给顾客送惊喜，给每一位消费的顾客送一份时令水果或蔬菜；在服务上再拿出南京茶肆 5% 的营业额投入在南京茶肆人员服务上，南京茶肆从专业的中餐厅聘请一位领班和一位前厅经理，让顾客在南京茶肆不仅可以享受到传统的茶艺服务，也可以享受到会所式的高端中餐服务。

在会员卡办理上，推出充 2000 送 300，充 3000 送 500，充 5000 送 800 的活动，起点 2000 既体现了与普通茶馆的品位差距，又合理地设置了优惠幅度。同时也使南京茶肆会员卡成为一张有身份和消费能力的象征。9 月初，南京茶肆又制作了 500 张面额 50 或 30 的储值卡送给茶肆附近的单位和商铺，"你不来，我们就去找你，你不来品茶、点菜，我们就送钱给你，因为生怕你不知道我们为你而存在"。

针对南京茶肆 56 位众筹合伙人，茶肆在端午节、中秋节等节日赠送粽子礼盒和月饼礼盒，给股东充分的成就感。同时众筹合伙人来南京茶肆消费都可以享受赠送果盘或茶点的特权，让股东们有主人公的感觉——我是股东，我做主。

南京茶肆通过众筹成功的建设完成并开业了，为长久地可持续运作下去，让更多的人分享这份快乐，南京茶肆特开通绿色通道让更多的 EMBA 同学参与，允许一部分本科毕业满 8 年的企事业高管参与众筹，并享受 1 万元 1 股，每人不超过 3 股，每股每年分得2000 元南京茶肆消费卡。通过这种方式，让一些喜欢南京茶肆，支持南京茶肆的优秀人才都加入南京茶肆大家庭来。

南京茶肆 11 个包间分别是以民国时期中国 11 所世界著名大学名字来命名的。金陵大学、燕京大学、之江大学、沪江大学、齐鲁大学、震旦大学、圣约翰大学、东吴大学、岭南大学、辅仁大学、中央大学，以怀念中国民国时期高等教育的国际视野和先进性。南京茶肆还通过接待各大学校友会、各种社团的论坛接触高层次的客户群体，以达到口口相传的目的。

第四节　南京茶肆营销问题及原因分析

一、线上化渠道拓展不够

从前面章节的分析中可以看到，目前南京茶肆在线上营销方面，所占的比重较低，对整个南京茶肆的贡献率也较低。下图4.5具体展示了2016年以来南京茶肆线上销售额及占总营业额比重的变化情况。2016年南京茶肆线上的销售额仅为19.2万元，到2018年增长到90.4万元，增长了3.7倍；到2019年上半年线上销售额为64.3万元，同比仍增长了40%左右。从销售额来看，线上渠道增长实际上是较快的。但是，从所占比重来看，也仅仅是从2016年的3.6%增长到2019年上半年的8.4%，比重虽然也有所增长，但是仍然较低。因此，可以看出，南京茶肆的线上化渠道拓展仍然是不够的。一方面，目前南京茶肆仍然是将线上渠道作为一种补充，对于线上渠道的拓展不够重视，而是将更多的精力放在线下渠道的拓展方面。同时，南京茶肆的线上渠道仅有美团、大众点评等平台，虽然南京茶肆也在通过微信公众号、微博以及抖音等线上渠道进行拓展，但是由于营销内容相对来说不具有一定特色，实际的营销效果并不是很好，对业务发展的用处也不大。另一方面，目前南京茶肆仍然没有开通线上的外卖业务，这也是其线上渠道占比较低的重要原因之一。在如今餐饮行业线上化趋势不断发展的情况下，南京茶肆需要正视和考虑这一现实问题。

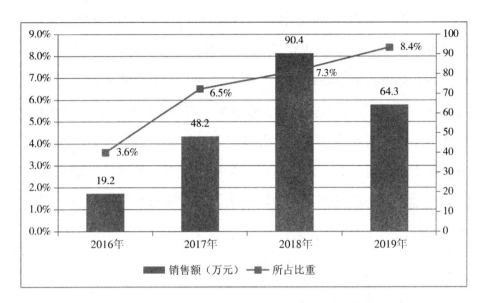

图 4.5　南京茶肆线上销售额及所占比重变化图

二、单一产品特征不突出

目前，南京茶肆所提供的产品种类较为丰富，既有专业的茶水服务，又有很好的菜品，还有一些甜品、凉菜等，将专业的茶水服务与菜品服务结合起来，搭配南京茶肆独特的装饰风格，赋予一定的文化内涵，这是南京茶肆与许多餐饮企业最大的不同。这种富有意境的结合使得南京茶肆能够为客户提供一个很好的就餐环境、休闲场所等，这也是其最大的竞争优势。但是，从单一产品来看，南京茶肆所提供的产品特征并不突出。例如，南京茶肆所提供的茶水服务在很多茶馆、茶肆都有，茶水服务的专业性与其他茶馆相比并不具有一定的优势。同时，南京茶肆提供的江浙菜在南京也很普遍，许多餐饮企业甚至能够提供菜品更丰富、口味更好的服务。因此，许多顾客在想到南京茶肆时，一般不是冲着某个菜式或是某单项产品服务去的，而是喜欢在南京茶肆这个富有文化内涵的餐馆里用餐，喜欢不一样的用餐体验。在这种情况下，如果之后有类似的茶肆或者餐饮企业出现，对南京茶肆可能会造成较大的冲击。对南京茶肆而言，后续还是需要在产品的特色化方面继续努力，尽可能在部分产品的特色化方面做到更好。

三、市场品牌效应还较弱

在餐饮行业市场竞争日益加剧的今天，如何持续做大做强是许多餐饮企业面临的问题，而做大做强的关键则在于培育自己的品牌，品牌不仅是公司重要的核心价值体现，品牌战略也是公司面对巨大挑战的必然选择。一方面，对企业而言，成功的品牌是具有经济价值的无形资产，它给公司带来溢价、产生增值、带来知名度和美誉度，是用于和其他竞争对手的产品或服务相区分的一种强有力象征；另一方面，对客户而言，品牌是一种承载，是客户对公司产品以及服务的认可，是一种品牌商与客户行为间长期相互联系的纽带。目前，南京茶肆在品牌建设过程中存在以下问题。

（一）缺乏品牌培育的意识和理念

餐饮行业实际上还是一个以小企业为主的行业，而且许多都是一些很小的店铺，经营模式非常传统。南京茶肆虽然营业规模较大，但是也仅仅是局限在南京市场，而且客户群体相对较为固定，客户群流动性不大，这使得南京茶肆不需要在宣传推广方面花太多精力。同时，南京茶肆在经营管理过程中，也还没有意识到品牌的重要性，缺乏品牌培育的意识，更多的是想经营好一点店铺、做好一个产品，而不是打造一个餐饮品牌，这就使得南京茶肆在对外宣传的过程中也忽视了品牌的树立和推广。

（二）品牌传播能力匮乏

南京茶肆品牌传播比较形式化，传播渠道和手段传统且单一。企业品牌固然需要通过长期的产品质量提高等手段进行培育，但是宣传和推广也是品牌价值得以提升的关键因素。因此，企业品牌的维护一方面需要靠产品和服务质量予以支撑，另一方面需要靠细水长流的软实力，如通过南京茶肆形象、品牌宣传和多渠道广告来维持。就软实力而言，相对于一些连锁的餐饮企业，南京茶肆的市场范围还较窄，缺乏专业的品牌传播路径，既没有自己的宣传推广团队，也没有专门的人从事微信、微博等渠道的宣传。

第五节　南京茶肆营销现状分析

一、主要菜品及价格介绍

目前，南京茶肆提供的产品和服务主要包括两大部分，一项是茶水服务，另一项是餐饮服务。在茶水服务方面，提供的茶叶包括红茶、白茶、绿茶、黑茶、花茶、黄茶等一系列品种，茶叶种类多样，价格大致在 200~700 元/份。同时，为了保证茶水服务的质量，南京茶肆还专门聘请了专业的茶艺师，对店员进行系统、专业的茶艺培训。在餐饮服务方面，南京茶肆提供的产品主要包括甜品、凉菜、主食和热菜四大类，下表 4.1 对南京茶肆部分菜品清单进行了整理和介绍。可以看到，南京茶肆提供的菜品以江浙菜居多，口味相对较为清淡，且一般大众的接受度较高。同时，从南京茶肆所处地理位置来看，南京人的饮食口味也相对偏清淡，因此，南京茶肆的菜品能够更好地迎合南京市场的客群需求。同时，从菜品价格上可以看出，南京茶肆的价格整体处于中游偏上的位置，菜品的单价一般较普通的餐厅稍贵，其中，单份的甜品价格基本在 20~40 元之间，凉菜在 30~50 元之间，热菜在 50~400 元之间，主食在 30~90 元之间。另外，从 2018 年南京茶肆经营的情况来看，客户的人均消费水平在 140 元左右。因此，南京茶肆的消费水平基本是属于中等偏上的。

表 4.1　南京茶肆提供的主要菜品（部分）

种类	菜品名称	价格	种类	菜品名称	价格
甜品	盆栽冰淇淋	22 元	主食	海参捞饭	88 元/位
	芒果脆甘露	36 元		贡米辽参	88 元/位
	杨枝甘露	32 元		梅干菜馅饼	30 元
	手工酸奶	18 元		手工大馄饨	32 元
	桂花椰奶冻	28 元		阳春面	22 元
	蜂蜜梨丝姜母茶	28 元		茶肆牛肉炒饭	36 元
	现磨核桃露	36 元		南大炒饭	36 元
	香草奶昔	28 元		红油抄手	32 元
	草莓奶昔	26 元			
凉菜	水晶香肘花	42 元	热菜	农家烧黄鱼	98 元
	桥林香干	28 元		酸汤桂鱼	158 元
	金陵盐水鸭	42 元		鲍鱼走地鸡	368 元
	椒麻鸡	42 元		雨花河虾仁	108 元
	五香牛肉	46 元		清蒸鲈鱼	88 元
	芥末鸭掌	38 元		茶肆红烧肉	98 元
	酱汁黄瓜	26 元		宫保虾球	88 元
	脆皮黄瓜	26 元		家烧牛肉	88 元
	老上海熏鱼	42 元		鱼苗卷饼	56 元
	桂花糖藕	32 元		台式三杯鸡	68 元

二、销售业绩情况

南京茶肆目前有两家店面，其中东宝路店于 2015 年 5 月 1 日正式开业，而仙林店则是于 2017 年 12 月正式开业。因此，为了更清楚地分析南京茶肆的营销业绩情况，下面本节将会对两家店的营销业绩情况分别进行介绍。

下表4.2具体反映了南京茶肆东宝路店2016—2019年上半年的经营情况。可以看出，2016年以来店铺营业额保持着较快的增长速度。2016年营业收入为534.26万元，到2018年增长到748.47万元，增长了40%左右；而在净利润方面，2016年净利润仅为57.17万元，到2018年增长到141.46万元，增长了1.47倍。同时，可以看出，东宝路店的净利润增长速度要明显高于营业收入的增长速度，这从店铺的净利润率也得到了很好的反映。2016年店铺的净利润率为10.7%，2018年增长到18.9%，到2019年上半年已达到21.5%，相比于2016年，利润率提高了1倍左右。这是因为对餐饮行业而言，其固定支出所占比重一般会较高，可变支出所占比重会较低，当企业营业收入增加时，一般对应付出的额外的成本和费用实际上是较低的，因此增加的收入会更多地转化为利润。当然，这也与南京茶肆高效的运营管理有着密切关系。

表4.2   南京茶肆东宝路店 2016—2019 年上半年经营情况

年份	收入（万元）	成本费用（万元）	净利润（万元）	净利润率
2016	534.26	477.09	57.17	10.7%
2017	702.66	593.05	109.61	15.6%
2018	748.47	607.01	141.46	18.9%
2019	410.53	322.27	88.26	21.5%

下表4.3则具体反映了2018—2019年上半年南京茶肆仙林店的营业情况。可以看出，仙林店自成立以来就保持着非常良好的发展势头，店铺的经营业绩基本不亚于东宝路店，在部分指标如净利润

率上，甚至还优于东宝路店。2018 年一季度，店铺的营业收入仅为 96.88 万元，到 2019 年二季度，营业收入迅速增长到 199.08 万元，增长了 1 倍多；而在净利润率方面，2018 年一季度店铺的净利润率为 14.3%，到 2019 年二季度增长到 23.9%，增加了 9.6%。另外，可以发现，2019 年二季度仙林店的成本费用增长较快，压低了店铺的净利润率，这是由于店铺举办了较多的营销活动，从而增加了成本费用。

表 4.3　南京茶肆仙林店 2018—2019 年上半年经营情况

年季	收入（万元）	成本费用（万元）	净利润（万元）	净利润率
2018Q1	96.88	83.03	13.85	14.3%
2018Q2	133.88	108.98	24.9	18.6%
2018Q3	123.13	98.01	25.12	20.4%
2018Q4	136.61	105.87	30.74	22.5%
2019Q1	156.23	114.98	41.25	26.4%
2019Q2	199.08	151.52	47.56	23.9%

附表：2019—2021 年南京茶肆东宝路店和仙林店经营状况

表 4.4　南京茶肆东宝路店 2019 年经营情况

年月	收入（万元）	成本费用（万元）	净利润（万元）	净利润率
2019.1	82.57	65.46	17.11	21%
2019.2	49.24	50.93	−1.68	−3%
2019.3	81.52	65.66	15.85	19%
2019.4	74.42	76.94	−2.52	−3%
2019.5	77.64	72.55	5.08	7%
2019.6	70.45	67.80	2.64	4%
2019.7	72.20	68.43	3.77	5%

年月	收入（万元）	成本费用（万元）	净利润（万元）	净利润率
2019.8	79.12	76.31	2.81	4%
2019.9	73.43	71.70	1.73	2%
2019.10	71.26	75.45	−4.18	−6%
2019.11	82.67	84.67	−1.99	−2%
2019.12	80.31	81.42	−1.10	−1%

表4.5　南京茶肆仙林店 2019 年经营情况

年月	收入（万元）	成本费用（万元）	净利润（万元）	净利润率
2019.1	57.47	40.59	16.87	29.37%
2019.2	31.60	29.09	2.50	7.93%
2019.3	67.15	46.02	21.12	31.46%
2019.4	66.33	56.98	9.35	14.10%
2019.5	68.95	43.75	25.20	36.55%
2019.6	63.79	48.17	15.61	24.48%
2019.7	74.41	54.67	19.74	26.53%
2019.8	76.22	59.06	17.15	22.51%
2019.9	74.96	58.98	15.97	21.31%
2019.10	77.38	59.72	17.65	22.82%
2019.11	88.82	71.53	17.28	19.47%
2019.12	91.61	78.04	13.56	14.81%

表4.6　南京茶肆东宝路店 2020 年经营情况

年月	收入（万元）	成本费用（万元）	净利润（万元）	净利润率
2020.1	74.24	80.57	−6.33	−9%
2020.2	1.89	25.04	−23.14	−12%
2020.3	46.83	63.34	−16.51	−35%
2020.4	76.84	78.04	−1.19	−2%

年月	收入（万元）	成本费用（万元）	净利润（万元）	净利润率
2020. 5	102. 69	101. 35	1. 34	1%
2020. 6	94. 05	82. 20	11. 84	13%
2020. 7	109. 06	95. 80	13. 25	12%
2020. 8	116. 90	95. 80	21. 10	18%
2020. 9	111. 53	102. 49	9. 04	8%
2020. 10	99. 18	111. 97	−12. 79	−13%
2020. 11	106. 11	93. 61	12. 50	12%
2020. 12	106. 86	100. 97	5. 88	6%

表 4.7 南京茶肆仙林店 2020 年经营情况

年月	收入（万元）	成本费用（万元）	净利润（万元）	净利润率
2020. 1	66. 13	54. 56	11. 57	17. 49%
2020. 2	0. 13	7. 80	−7. 66	−5892. 31%
2020. 3	19. 57	27. 53	−7. 95	−40. 66%
2020. 4	55. 52	43. 21	12. 31	22. 17%
2020. 5	83. 75	64. 02	19. 72	23. 56%
2020. 6	92. 43	68. 37	24. 06	26. 03%
2020. 7	103. 48	71. 70	31. 77	30. 71%
2020. 8	102. 41	81. 02	21. 39	20. 89%
2020. 9	114. 39	78. 72	35. 67	31. 19%
2020. 10	111. 05	80. 75	30. 30	27. 29%
2020. 11	114. 97	97. 84	17. 12	14. 89%
2020. 12	110. 95	117. 32	−6. 37	−5. 75%

表 4.8　南京茶肆东宝路店 2021 年经营情况

年月	收入（万元）	成本费用（万元）	净利润（万元）	净利润率
2021.1	131.75	106.23	25.51	19.37%
2021.2	104.97	94.75	10.21	9.73%
2021.3	125.64	99.15	26.49	21.08%
2021.4	107.33	94.94	12.38	11.54%
2021.5	114.01	112.00	2.01	1.77%
2021.6	107.09	97.31	9.77	9.13%
2021.7	83.34	86.66	−3.31	−3.98%
2021.8	58.95	69.64	−10.69	−18.14%

表 4.9　南京茶肆仙林店 2021 年经营情况

年月	收入（万元）	成本费用（万元）	净利润（万元）	净利润率
2021.1	114.36	95.68	18.68	16.33%
2021.2	79.93	70.90	9.02	11.30%
2021.3	118.91	80.37	38.53	32.41%
2021.4	103.43	80.20	23.22	22.46%
2021.5	106.72	79.26	27.45	25.73%
2021.6	108.46	76.99	31.46	29.01%
2021.7	80.60	74.32	6.27	7.79%
2021.8	57.48	47.07	10.40	18.09%

三、收入和客户结构情况

在收入结构方面，从前面分析可知，南京茶肆的营业收入主要来源于五个方面，包括热菜收入、茶收入、甜品收入、凉菜收入和

其他收入（含主食），下图 4.6 对 2019 年上半年南京茶肆的营业收
入构成情况进行了具体展示。可以看出，目前南京茶肆最主要的收
入来源于两大部分，一是热菜收入，2019 年上半年其热菜收入达
458.43 万元，占总收入比重的 60% 左右；另外一个是茶收入，占总
收入比重的 29%，两者占据总收入的 90% 左右。其次是凉菜收入，
占总收入比重的 9% 左右，而甜品和其他收入所占比重基本都只在
1% 左右。因此，从整体上来看，南京茶肆的收入构成结构相对较为
单一。

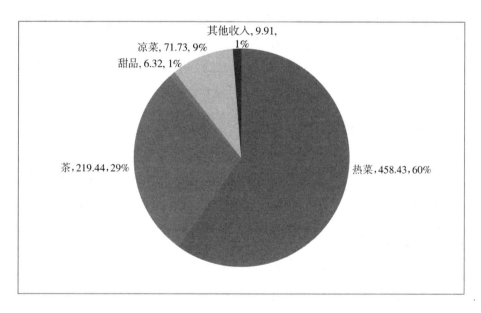

图 4.6 2019 年上半年南京茶肆营业收入构成情况（单位：万元）

在客户结构方面，目前南京茶肆的客户主要包括三大部分。一
是学生客户，占总客户数比重近 50%，这是因为南京茶肆本身就邻
近诸多高校，具有非常庞大的学生客户群；同时，南京茶肆在规划

和设计之初，也正是为一些学生提供聚会、休闲娱乐的场所，南京茶肆的整体风格和环境也比较偏向于典雅古朴，非常符合学生的审美品位；另外，南京茶肆本身就具有南京大学的背景，许多教师、教授与南京茶肆的众筹学生相识，也愿意在南京茶肆开展一些文娱活动、讲座等，这使得南京茶肆在高校中具有较高的知名度。二是散客，主要是附近和周边的小区居民，这类客户占总人数的 30% 左右，南京茶肆良好的就餐环境也为周边居民提供了一个很好的就餐地点。三是团客，主要是服务于周边的公司、企业客户等，这类客户一般会定期签单，每次消费量较大，这类客户占总客户比重的20% 左右。

四、获客渠道情况

从获客渠道和获客方式来看，目前南京茶肆主要还是以线下获客为主，通过开展一些线下的营销活动，如学校迎新活动、社区宣传活动、礼品赠送活动等，以提高南京茶肆在周边学校、社区的知名度。而且从经营状况来看，这些线下营销活动的的确确取得了非常好的效果。除此之外，近年来南京茶肆也在大力拓展线上营销渠道。一方面，南京茶肆与美团、大众点评等线上平台进行合作，客户可在线购买南京茶肆的店铺优惠券，或是直接通过平台进行支付。但是从实际的客户支付方式来看，通过线上平台进行支付的比重还是较低，2019 年上半年该比重不到 10%。因为南京茶肆的客户中，90% 以上都是熟客和回头客，或是他人推荐过来的客户，南京茶肆也不在人流非常密集的闹市区，因此对线上平台的依赖度其实很小。另一方面，南京茶肆还充分利用现有的自媒体渠道，如微信公众号、微博、抖音、小程序等，进行南京茶肆品牌的宣传推广，以更好地提高南京茶肆的知名度和市场影响力。

第五章　南京茶肆外部营销环境分析

第一节　宏观环境分析（PEST）

一、政治与法律环境分析

如今，食品安全问题已经成为整个社会所关心的大事，但从我国食品安全生产实际情况来看，未来仍然有较长一段路需要走。为了促进我国餐饮行业的健康发展，近年来国家正加快餐饮行业法律法规的完善，为相关市场监管、企业惩罚提供法律依据。下表 5.1 列举了 2018 年我国餐饮行业的最新政策和法规，可以发现新出台、修改的法律法规主要聚焦在以下两个方面。

表 5.1 2018 年我国餐饮行业最新政策和法规

1 月	全国人民代表大会常务委员会新修《中华人民共和国反不正当竞争法》
1 月	全国人民代表大会常务委员会新修《中华人民共和国中小企业促进法》
1 月	国家财政部税务总局发布《关于延续小微企业增值税政策的通知》
1 月	国家食品药品监管总局发布《网络餐饮服务食品安全监督管理办法》
2 月	国家食品药品监管总局发布《关于餐饮服务提供者禁用亚硝酸盐、加强醇基燃料管理的公告》
4 月	国家市场监管总局发布《关于印发餐饮服务明厨亮灶工作指导意见的通知》
10 月	国家市场监管总局实施新修订《餐饮服务食品安全操作规范》
12 月	国家市场监管总局发布《2019 年 3 月将启用新版营业执照通知》

图表来源：笔者根据相关法规资料自行整理

（1）对市场竞争行为进行规范。主要是对部分利用网络进行生产经营活动的餐饮企业市场行为进行规范，包括在为客户提供服务的过程中，不允许强制进行页面跳转，不允许对其他经营者进行恶意的产品或服务不兼容，不允许对消费者进行误导、煽动等。

（2）对餐饮企业安全行为进行规范。一方面是餐饮企业的操作和生产行为要安全，谨防意外事故的发生，严防火灾，保障生产安全；另一方面是餐饮企业提供的食品要安全，保障食品生产流程的合规，生产环境的健康、卫生，保障消费者的基本权益。

从整体上来看，我国餐饮行业的相关法律法规日趋完善，将对促进整个餐饮行业的规范、健康、平稳发展具有一定的积极意义。当然，对南京茶肆而言，以后也将继续遵守相关的法律法规，严格执行餐饮行业的规范标准。

二、经济环境分析

经济环境主要是指社会经济发展的整体情况，对餐饮行业而言，餐饮更多的还是作为一种在满足温饱之后的更高层次的消费需求，与居民的收入水平和消费能力有着密切的关系。下图 5.1 具体反映了 2012—2018 年以来全国及南京市城镇居民人均可支配收入的变化情况。[①] 通过下图可以发现以下两点：第一，无论是全国还是南京市的城镇居民人均可支配收入都处于较快增长的阶段。2012 年全国城镇居民人均可支配收入为 24565 元，到 2018 年增长到 39251 元，增加了 59.8%；2012 年南京市的城镇居民人均可支配收入为 40262 元，到 2018 年增长到 63481 元，增长了 57.7%，两者的增速基本保持一致。第二，南京市作为我国的经济发达地区，人均可支配收入水平明显高于全国平均水平，基本为全国平均水平的 1.62 倍。因此，随着人们收入水平和消费能力的提高，人们会愿意在餐饮上增加更多的开销，这也使得餐饮企业努力提升自身的产品和服务质量，这样才能在市场竞争中占据主动权。

---

　① 　数据来源：中国国家统计局网站和南京市统计局网站。

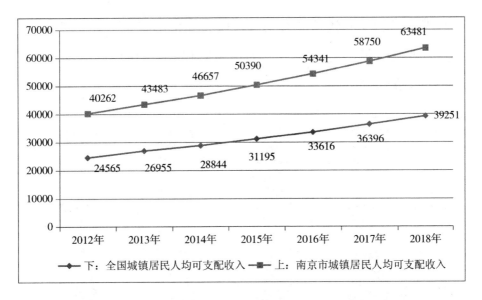

图 5.1 2012—2018 年全国及南京市城镇居民人均可支配收入（单位：元）

三、社会文化环境分析

社会经济的快速发展也推动着人们消费结构的转型升级，人们收入水平的不断提高，使得整个社会的恩格尔系数在不断下降，2017 年我国的恩格尔系数为 29.33%，已经低于 30%。在这种情况下，人们对于满足基本生存需求的商品类支出比重将会逐渐降低，而对于一些满足自身发展或是其他需求的服务类需求支出比重将会不断提高。下图 5.2 具体反映了 2018 年我国城镇居民消费结构的变化情况。可以看出从第一季度到第四季度，我国城镇居民在服务消费方面的占比持续提升，由 38.4% 提高到 41.4%，提高了 3%；而商品消费占比则是持续下降，由 40.7% 下降到 35.8%，下降了 4.9%；

服务类消费已经取代商品类消费，成为城镇居民最大的消费支出。餐饮行业就是服务消费之一，因此，这对我国餐饮行业而言，也是一个非常有利的消息。

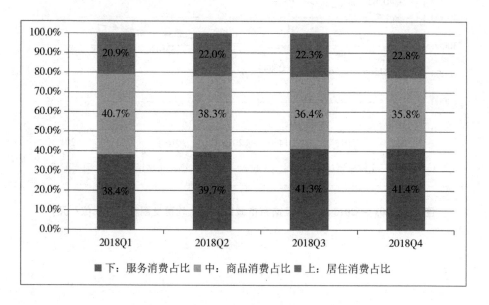

图 5.2 2018 年我国城镇居民消费结构变化情况

另外，下图 5.3 则是反映了 2013—2018 年我国餐饮行业占社会消费品零售总额比重变化情况，可以看出，2013—2017 年该比重基本保持在 10.6%~10.8%，但是在 2018 年，比重快速提升至 11.2%，较 2017 年增长了 0.4%。结合上面的分析来看，可以预见，未来餐饮行业将作为服务行业的重要组成部分之一，未来仍将是我国居民消费支出的重要方向之一，对餐饮企业而言，应该更好地把握这一市场发展机遇。

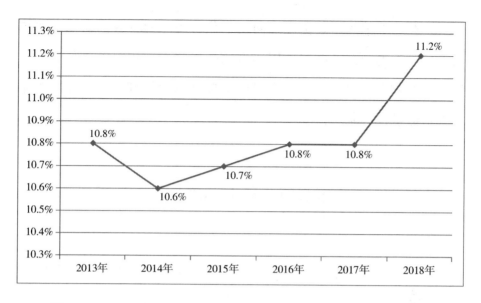

图 5.3　2013—2018 年我国餐饮行业占社会消费品零售总额比重变化情况

四、技术环境分析

餐饮行业属于服务业，相对于一些制造业、IT 产业而言，技术环境的变化对于餐饮行业影响较小。目前，影响餐饮行业的技术因素主要有：互联网、智能手机等新型技术和设备日益普及，这在一定程度上对传统餐饮行业的运营方式带来了一定的影响。首先，移动网络的迅猛发展，使得人们了解信息的渠道更为多元化，而餐饮行业又是一个非常注重口碑的行业，在信息快速传递的情况下，餐饮企业需要更加注重自身口碑的培养。同时，智能手机的普及也使得许多人的点餐方式发生了变化，传统的线下点单所占的比重越来越少，客户下单的途径更多地向线上化移动。而且客户在线下实体店点单时，也会越来越多地使用微信扫码自助点单等方式，这样对餐饮企业而言，也可以在一定程度上提高运营管理效率，并减少服务人员数量，控制运营成本。

第二节　行业环境分析

一、市场规模变化情况

就市场情况来看，目前我国餐饮行业已经初具市场规模，2018年总市场规模已经达到了4万亿元，而且仍呈现出不断增长的发展趋势。

如图5.4具体反映了2011—2018年间我国餐饮行业收入变化情况，可以发现，近年来我国餐饮行业收入规模一直呈现出不断增长的变化趋势。2011年我国餐饮行业收入规模为20635亿元，到2018年已经增长到了42716亿元，7年间增长了1.07倍。同时，从收入增长率来看，2011年以来餐饮行业收入增长率一直保持在7%以上，2011—2013年间增长率有所下滑，到2015年又达到16%的高点。虽然在2015年以后增长率呈现出逐步下滑的趋势，但是据预测，未来5年内我国餐饮行业的市场规模仍然会保持在7%以上的年复合增长率，到2022年，我国的餐饮行业市场规模将高达62801亿元。因此，可以预见，随着我国居民收入水平的不断提高，以及消费结构的不断升级，未来人们将会更愿意在餐饮服务方面投入更多的支出，我国的餐饮行业仍然会保持一定的市场增长速度，这将为诸多餐饮企业带来可观的市场发展机遇。

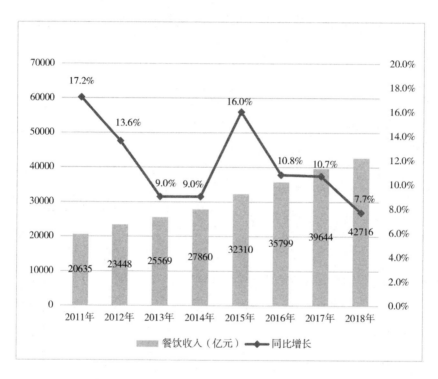

图5.4　2011—2018 年我国餐饮行业收入变化图

二、市场结构变化情况

按照餐饮企业的经营状况，可以将我国餐饮市场的企业分为两大类型，一类是限额以上餐饮企业，这些企业的年营业收入总额在

200 万元以上，且年末企业员工人数在 40 人以上；另一类是大众化餐饮企业，这类餐饮企业一般属于中小型企业，年营业收入总额基本在 200 万元以下。按照此类市场划分，可以更加清楚地分析我国餐饮行业市场结构的变化情况。下图 5.5 具体反映了 2011—2018 年间我国限额以上餐饮企业收入以及占总餐饮行业收入比重的变化情况。

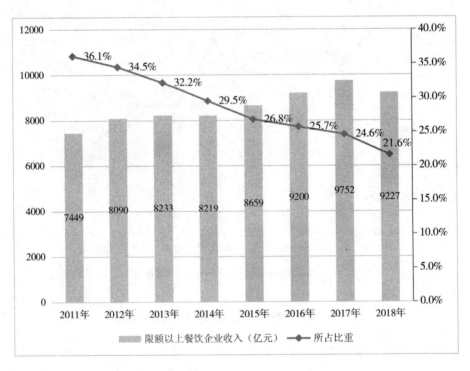

图 5.5 2011—2018 年我国限额以上餐饮企业收入及占总餐饮行业收入比重变化情况

从总收入来看，我国限额以上餐饮企业收入增长较缓慢，2011年为 7449 亿元，经过持续的缓慢增长，到 2017 年总收入为 9752亿元，6 年内增长了 30.9%。同时，在 2018 年，我国限额以上餐饮企业收入出现较大下降，仅为 9227 亿元，较 2017 年减少了 525 亿元。在限额以上餐饮企业收入占餐饮行业总收入比重方面，2011—2018 年以来则是一直呈现出持续下降的发展趋势，由 36.1% 下滑到了 21.6%，下降了 14.5%。这说明目前我国大众化餐饮企业呈现出快速发展态势，然而限额以上餐饮企业收入则增长迟缓，在这种情况下，未来我国的餐饮行业市场集中度也将持续下降。

三、交易渠道变化情况

正如前文所述，移动互联网的迅猛发展、智能手机的快速普及正对餐饮行业传统的支付和交易方式产生巨大影响，线上点餐为人们带来了诸多便利，餐饮支付的线上化趋势也越来越明显。下图 5.6 具体反映了 2015 年以来我国互联网餐饮行业交易规模及市场渗透率的变化情况。可以看出，2015 年以来我国互联网餐饮基本呈现出一个爆发式增长的状态，2015 年其交易额仅为 457.8 亿元，市场渗透率也仅为 1.4%；到 2018 年交易额已经攀升至 5023.6 亿元，较 2015 年增长了近 10 倍，而市场渗透率也快速提升至 11.8%，较 2015 年提高了 10.4%。可以说，不仅仅是餐饮行业，我国诸多的消费行业、零售行业都在经历着一场深刻的支付变革，由线下转移至线上，这种状况在未来一段时间内仍然会持续，并最终形成一种常态。因此，在这种情况下，流量对餐饮企业而言显得越来越重要，如何通过互联网以及其他渠道来拓展餐饮企业的流量客户，是诸多餐饮企业需要着重思考的问题所在。

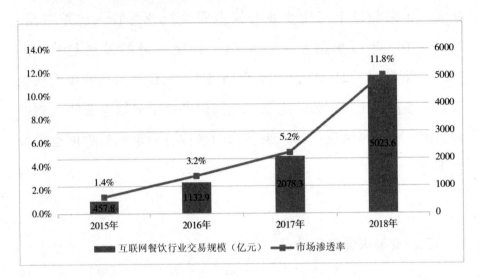

图 5.6 2015—2018 年我国互联网餐饮行业交易规模及市场渗透率的变化情况

四、未来发展趋势

如今，整个社会的消费迭代已经日趋明显，80 后和 90 后逐渐成为消费主力，消费比重不断提升，在这种情况下，我国的餐饮行业呈现出不一样的消费趋势，餐饮企业需要跟随市场消费趋势的变化而做出深层次的调整，这样才能更好地融入市场环境。

快时尚化。随着社会整体节奏的加快，"快时尚"已经越来越成为一种发展趋势，休闲、简约的餐饮方式越来越受到年轻消费者的追捧。从整体上来看，生活节奏越快的城市尤其是一线城市对于快时尚的餐饮方式更加青睐，上班族、办公室白领等人群对餐饮的质量有一定要求，但是就餐时间较为有限，快时尚能够很好满足他们的现实需求。另外，从地域上来看，相对于北方，南方城市对于快时尚的餐饮方式则更为青睐。

特色化。我国的菜系本来就多元化，有着传统的八大菜系，能够满足不同客群的口味偏好。随着地区之间不同菜系的相互融合，一个城市往往有着多样化的菜系餐馆。但是，就实际情况来看，不同地区的客群对于菜系还是有着一定的偏好，如江苏、浙江人偏爱江浙菜，四川、重庆人偏爱川菜等。人们虽然对于不同菜系的接受度在提高，但是也更加重视菜品的特色。

健康化。如今有机食品、养生餐等越来越受到人们的追捧，大家在追求菜品口味的同时，也更加关注食品安全和健康问题。同时，大部分人在工作之后，对口味偏清淡的江浙菜、粤菜的偏好会有所增加。

极致化。餐饮的市场细分越来越极致，不仅仅是在菜系上进行划分，而且会对具体的餐饮种类进行更进一步的划分，如将火锅划分为川锅、牛肉火锅、豆捞、韩式火锅等。在这种情况下，将某个单品做到极致也成为未来的发展趋势。

第三节　波特五力模型分析

一、显在竞争者

本节重点对南京茶肆目前在市场竞争中的主要对手进行分析，对南京茶肆而言，其所覆盖的市场范围实际较为有限，一般是以南京茶肆为中心，方圆 5 千米左右进行市场覆盖。根据此进行测算，南京茶肆旁边就是苏宁商城，周边有着非常多的餐饮企业，既有一些知名的连锁餐饮机构，如海底捞、外婆家、避风塘等，还有许许多多的个体经营户。因此，从整体来看南京茶肆周边的市场竞争可以说较为激烈。同时，从餐饮行业的成本结构来看，场地租赁、室内装修以及人力成本占据了非常大的比重，变动成本较低，这也在一定程度上提高了竞争的激烈程度。对南京茶肆而言，虽然在市场中存在诸多的竞争者，但是没有必要将每家餐饮企业都视为当下的竞争者，最重要的还是把自身的产品和服务做好，突出自己的特色，这样才能在市场竞争中取得优势。

二、新进入者

餐饮行业是一个中小企业居多的行业，近年来的发展趋势也说明中小企业的市场规模在不断扩大，同时餐饮行业也是一个门槛相对较低的行业，新机构进入市场难度会较低。从近几年我国餐饮企业数量变化情况来看，相关餐饮企业数量呈现出不断增长的发展趋势。按照新进入者的经营情况，可以将这些新进入者分为两类：一类是连锁餐厅，包括自营连锁餐厅和加盟连锁餐厅，这些餐厅一般具有较高的市场知名度，且经营管理经验丰富，对自身有着较为明确的市场定位，因此有着较高的市场竞争力；另一类是独立管理类餐厅，这些餐厅以中小企业为主，但是也不缺乏一些具有特色的店铺，整体上这类餐厅的经营管理经验较为缺乏，市场知名度也较低，因此市场竞争力会相对较弱。

三、替代品生产者

产品无不是为消费者提供某些使用价值的，那么一件产品的价值很大程度上取决于市场上是否有替代品，如果替代品较多，那么这件产品的价值会相对较小，反之亦然。餐饮行业是一个产品差异化程度相对较低的行业，不同餐饮机构的产品基本上都能在市场上找到替代品，而且其他餐饮机构也可以通过模仿、学习等手段，快速推出相似的产品服务。但是，就目前南京茶肆的实际情况来看，附近还没有出现类似的餐饮机构，附近的餐饮机构大多是一些纯粹的餐厅，虽然有几家茶楼，但基本都是提供单纯的品茶服务。另外，与其他餐饮机构存在很大不同的是，南京茶肆拥有着十分丰富的高校资源，与南京大学有着较深的渊源，这是绝大部分餐饮机构所不具备的。因此，从某种意义上来说，南京茶肆的完全替代品实际上是较少的。

四、供应商的价格谈判能力

上游，即供应商，对餐饮行业而言，供应商主要是店铺场所、服务人员以及其他餐饮设备和设施的提供方。由于市场中供应商较多，且一般餐饮机构对于供应商没有特定的要求，因此供应商的话语权一般较弱。目前，对餐饮机构而言，菜品与服务的重要性日益凸显，一些连锁餐厅对于服务人员有着非常严格的要求。对此，南京茶肆也会聘请专业的厨师队伍，定期对菜品进行更新。同时，还会对服务人员进行严格的岗前培训，以保证服务质量。

五、购买方的价格谈判能力

下游，即客户，这一点上，目前我国餐饮市场仍然属于买方市场。因为市场中的餐饮机构众多且产品同质化较为严重，客户一般有着非常多的选择。因此，购买方有着较强的价格谈判能力。同时，在实际情况中，购买方的价格谈判能力实际上是与餐饮企业产品的同质化程度直接挂钩的，如果同质化程度较高，则购买方的价格谈判能力较强。就南京茶肆而言，其提供的产品同质化程度较低，因此购买方的价格谈判能力相对较低。

第四节　南京茶肆 SWOT 分析

在前文对南京茶肆内外部环境分析的基础上，可以对南京茶肆所具有的优势和劣势、机遇和挑战进行分析汇总，将调查得出的各种因素按照重要性以及影响程度的大小进行排序，构造 SWOT 矩阵。在此过程中，将对南京茶肆发展有直接的、重要的、迫切的、影响久远的因素优先排列。评价结构如下表 5.2 所示。① 由下表可见，目前南京茶肆的内部环境优势主要包括客户资源优势、产品和服务优势、众筹模式优势、餐饮环境和文化优势等；内部环境劣势包括运营管理经验较欠缺、市场品牌效应还较弱、单一产品特征不突出、线上化渠道拓展不够等；外部环境机会包括餐饮行业市场规模不断扩大、人们消费水平和结构升级、餐饮行业相关法律法规不断完善等；外部环境威胁包括市场的恶性竞争、餐饮行业进入门槛较低、外部品牌进入可能带来的挑战等。

---

① 表格来源：相关资料整理汇总。

表 5.2 南京茶肆 SWOT 分析表

			内部环境	
			优势 S	劣势 W
南京茶肆战略选择 SWOT 分析			1. 装修环境占主导优势； 2. 菜品、茶品比同行优越； 3. 服务水平和理念日渐成熟； 4. 餐加茶的模式形成创新模式，定位精准； 5. 有 56 位核心众筹合伙人。	1. 实力与同行比较，没有连锁优势； 2. 服务和经营成本高； 3. 入行时间短，队伍处于磨合期； 4. 宣传力度和客户沉淀不足； 5. 可自由支配资金紧张。
外部环境	机会 O	1. 国家简政放权，支持服务业发展； 2. 注重传统文化和茶文化发展； 3. 倡导不奢侈、不浪费，打击腐败； 4. 城市居民需要茶肆进行思考、沟通； 5. 现有茶馆模式满足不了商务谈判的需求。	SO 战略选择 发展模式优势，利用外部机会	WO 战略选择 利用品位和定位来精准组合营销
	威胁 T	1. 股市行情不好，很多小资和中产阶级被套牢； 2. 开业时间短，店招不足以表明经营范围； 3. 国家经济不景气； 4. 国内劳动力成本节节上升； 5. 潜在竞争者威胁增加； 6. 内需不足难以拉动消费。	ST 战略选择 利用自身内部优势，回避或减轻外部威胁所造成的影响	WT 战略选择 减少内部弱点，回避外部环境威胁的防御性技术

通过对南京茶肆的 SWOT 分析，笔者认为南京茶肆在今后的发展过程中应该采取 SO 战略，具体理由如下：

（1）通过对南京茶肆内外部市场环境的分析，从整体上来看，笔者认为南京茶肆内部环境的优势要大于劣势，外部环境的机会要大于威胁，因此，南京茶肆应该选择 SO 战略，即依靠内部优势，利用外部机遇。

（2）分析发现，南京茶肆在餐饮行业市场竞争中具有自己的核心竞争优势。一是产品和服务优势，南京茶肆提供的茶水服务非常专业，菜品是较为精致，而且在客户服务上也做得很好，是它在如今餐饮行业能够立足的根本所在。二是客户资源优势，南京茶肆是通过众筹成立的，大量的股东本身就能够为南京茶肆带来可观的客流，而且南京茶肆与南京大学又有着密切的关系，许多南京大学的教师也愿意为南京茶肆进行宣传，或是在南京茶肆开办一些讲座等，这使得南京茶肆有着其他店铺难以比拟的学生客户资源优势。同时，从南京茶肆近几年发展过程中也可以看到，东宝路店稳步发展，仙林店也是大获成功，这在一定程度上说明了南京茶肆是具有一定核心竞争力的。

（3）通过对我国餐饮行业外部环境的分析，可以发现，未来我国餐饮行业的发展前景是较好的，尤其是随着人们收入水平的不断提高，以及整体消费结构的转型升级，未来人们会愿意在餐饮等服务类产品上投入更大比重的支出。而且人们的餐饮消费也更多地趋于健康化、特色化，在这种情况下，南京茶肆也可以更好地将自身的优势发挥出来。

第六章　南京茶肆 STP 营销战策略分析

STP 战略是企业制定市场营销战略的基础，STP 战略包括市场细分、目标市场选择和市场定位，也是企业战略营销的重要组成部分。制定有效的 STP 战略，有助于企业锁定自己的目标市场，在竞争中找准自身定位，进而有针对性地塑造差异化性品牌形象来满足客户和市场的需要。

第一节　市场细分

市场细分，按照客户的不同需求将同一产品线的整个市场划分出不同的客户群，有利于企业深入了解目标市场的需求，并基于自身的发展目标，制定出适时调整的可行的产品、价格、渠道和促销等营销策略，提高营销效率和营销的质量。南京茶肆在进行市场营销的过程中也需要根据自身的品牌定位，进行特定的目标市场选择。但是，餐饮服务作为一种相对较为特殊的产品，与其他一般产品具有非常不同的特点。第一，餐饮服务的对象十分广泛，基本包括所有的客户群体，如何针对客户的特点进行市场细分，并提供具有针对性的产品，这是餐饮企业需要重点思考的问题；第二，餐饮行业提供的产品具有较强的服务性质，客户在购买菜品、茶水的同时，实际上也购买了服务，而且客户对于服务的质量、态度等也越来越在意；第三，餐饮行业的整体水平实际上与人们的收入水平有着密切的关系，相对于其他一般产品而言，客户对于餐饮的价格敏感度可能会更高，因为餐饮企业的替代品非常多。鉴于餐饮行业具有以上的特征，笔者将从以下四个角度对餐饮市场进行细分。

一、按照市场大类划分

根据中国餐饮报告白皮书（2018 年），按照我国餐饮市场的大类，可以将我国的餐饮市场分为下图 6.1 十几种，具体包括火锅、自助餐、川菜、小吃快餐、西餐、面包甜点、日本菜、粤菜、江浙菜、韩国菜、江河湖海鲜以及其他，其他餐饮类又包括了湘菜、北京菜、东北菜、江西菜等。可以看出，目前我国餐饮市场中市场份额最大的一类是火锅，占了近 22% 的市场份额，其次是自助餐，占 12% 的市场份额。从南京茶肆目前的经营来看，更多地属于江浙菜这一大类，这部分市场份额为 4.5%，如果按照 2018 年 42716 亿元的市场规模来计算，江浙菜的市场规模为 1922.22 亿元，整个市场规模还是非常大的。

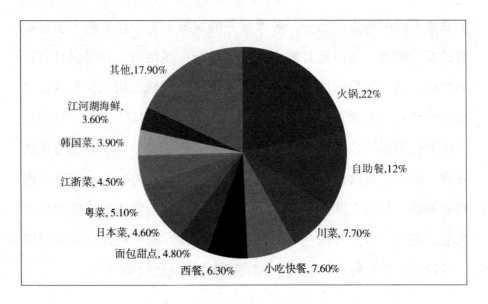

图6.1 我国餐饮市场大类划分情况

二、按照中式菜品种类划分

南京茶肆所经营的餐饮属于中餐，对于中餐我们也可以进行细致的分类，这主要是根据中式菜品的种类进行细分，具体包括火锅、四川菜、广东菜、江浙菜、湖南菜等各地菜式，另外还包括一些中式快餐、美食广场、烧烤等。图6.2具体反映了2018年中餐市场具体的细分情况，可以看出，其中火锅仍然是最大类的菜品，其次是四川菜、广东菜，江浙菜排在第四位，占整个中餐市场的份额为7.2%。同时，可以看出，一些偏快餐式的餐饮也占据了相当大的市场份额，如中式快餐，占12.2%的市场份额；中式美食广场，占

7.5% 的市场份额。

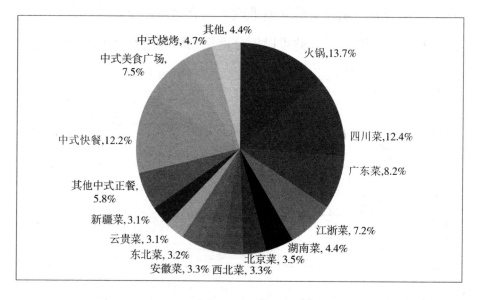

图 6.2 我国中餐市场具体细分情况

三、按照餐饮企业经营规模划分

按照餐饮企业的经营规模，可以将餐饮企业划分为两大类别：一类是限额以上餐饮企业，这类企业的年营业收入规模在 200 万元以上，且年末企业员工人数在 40 人以上，整体的经营规模较大；另一类是大众化餐饮企业，即除限额以上餐饮企业以外的都属于大众化餐饮企业，这类企业规模较小，多属于一些小型的餐饮店。下图 6.3 具体反映了 2011—2018 年间我国餐饮市场中限额以上餐饮企业和大众化餐饮企业的市场结构变化情况，可以看出，限额以上餐饮企业的比重在不断降低，而大众化餐饮企业的比重则是不断升高的。自 2016 年开始，南京茶肆年营业收入一直保持在 500 万元以上，员工人数也超过 40 人，因此可以划分南京茶肆为限额以上餐饮企业。

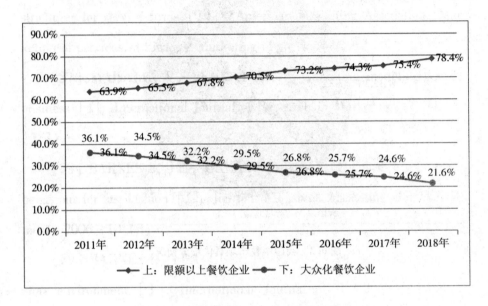

图 6.3　我国餐饮行业市场结构变化情况

四、按地域市场划分

餐饮行业的人均消费水平在一定程度上是与当地的经济发展水平呈正比例关系的，经济发展水平越高，那么餐饮消费水平也就会越高。从下表 6.1 就可以清楚地看出不同的地域市场存在着不同的消费水平。针对人均消费价格在 150 元以上消费比重的，可以看出，比重较高的几个区域依次是华东地区、华南地区、华中地区，比重分别为 40.1%、33.2%、20.3%，这也是目前我国经济水平较高的几个地区。而人均消费价格在 50 元以下的地区，占比由高到低依次是西部地区、华中地区、东北地区等，其中华东地区比重最低，仅为 22.2%。另外，我们可以从另一个角度进行地域市场划分，根据城市人口总量进行划分，包括 300 万以上、50 万—300 万、50 万以下人口的三个层级市场，人口总量较多的城市一般餐饮市场的容量和实际需求量也较大。

表 6.1   2018 年我国不同餐饮市场人均消费价格区间占比①

人均消费价格	50 元以下	50-150 元之间	150 元以上
华北地区	33.3%	45.6%	19.1%
华东地区	22.2%	38.7%	40.1%
华南地区	24.3%	42.5%	33.2%
华中地区	39.4%	40.3%	20.3%
东北地区	35.8%	44.5%	19.7%
西部地区	47.6%	40.9%	11.5%

第二节   目标市场选择

在对具体的市场进行细分后，企业还需要明确自己服务的是哪一部分市场，这是确定企业战略发展方向的重要步骤。南京茶肆在市场营销过程中也需要根据自身的实际情况来选择合适的目标市场。

---

①   数据来源：国家信息中心

下面本节就依据不同角度的市场细分，来分析南京茶肆具体的目标市场选择。

一、餐饮大类和菜品选择

在餐饮大类和菜品选择方面，南京茶肆主要提供的是江浙菜，虽然也会提供一些甜品等，但是从南京茶肆的收入结构来看，甜品和凉菜所占的收入比重非常小。同时，与其他餐饮店不同的是，南京茶肆还提供非常专业的茶品服务，这也是南京茶肆重要的收入来源之一。对于南京茶肆而言，其选择江浙菜作为主打菜有如下原因：一是南京茶肆店铺位于南京，这里人们的口味更偏清淡，江浙菜更受人们的欢迎；二是江浙菜与南京茶肆的环境氛围更为搭配，南京茶肆将茶作为其店铺的重要文化元素，也是店铺主打的消费品之一，江浙菜无疑能够与茶品服务之间相互衬托，两者意蕴更为贴近；三是南京茶肆在创建之初，就是想要提供一个可以让班级同学聚会、畅谈的场所，大部分众筹人又有一定的学生情怀，知识层次也相对较高，江浙菜相对精致、典雅，更为符合他们的喜好。

二、地域市场选择

在地域市场选择方面，南京茶肆所拓展的南京市场属于经济发达区域，人口在 700 万以上，市场规模较大。在进行具体的线下实体店布局时，南京茶肆也会重点选择在一些高校附近进行布局，东宝路店邻近南京大学（鼓楼校区）等、仙林店邻近南京大学（仙林校区）等，南京茶肆希望能够利用高校人流密集的优势进行引流获客。而且南京茶肆的店铺附近一般也有着一些较为高档的居民区，还有一些公司、企业等，这也为南京茶肆的客源提供了更为充足的保障。可以看出，与一些在人流密集的商业闹市区进行店铺布局的餐饮企业不同，南京茶肆所布局的区域相对而言商业性较弱，但是客流的稳定性较大，且客流结构相对单一。而且相对于在闹市区或是在商业区布局的餐饮企业而言，南京茶肆所选择的店铺租金也会相对较低。

三、客户类型选择

前文我们已经对南京茶肆的客群进行了简单的介绍，可以发现，南京茶肆的目标客户主要包括三大部分：一是学生客群，这类客群占南京茶肆总客群的 50% 左右，其中学生客群以南京大学学生为主，而且基本以硕士生和博士生为主。下图 6.4 反映了南京茶肆学生客户的构成情况，可以看出，其中硕士生占比 56%，博士生占比 27%，而本科生占比仅为 15%。相对而言，南京茶肆的消费水平较比一般的餐厅会更高一些，硕士生和博士生的经济基础会较比本科生更好一些，而且消费理念也与本科生存在一定差别，所以所占的比重较大。二是散客，主要是附近的居民客户，这类客户一般居住在周边的小区，经济基础较好，对就餐的环境氛围相对更为重视。三是一些单位客户，主要是附近的公司、企业客户就餐等，部分企业客户还在南京茶肆有会员卡或是签单消费。在客户年龄方面，南京茶肆客户基本在20—50岁之间，这部分的客户基本为中青年，消费理念较为前卫，消费能力也较强。从整体上来看，南京茶肆所面向的客户一般具有一定的消费水平、审美观念和文化涵养，范围包括高等院校学生、经济状况较好的中产阶级、企业及单位等，客户的综合素质相对较高。

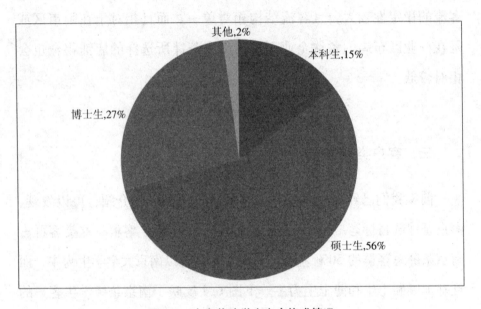

图 6.4　南京茶肆学生客户构成情况

第三节　市场定位

在确定了具体的目标市场后，企业还需要明确自己在这部分市场中应该处于什么样的地位，以及在目标客户心中形成对产品、品牌深刻的印象和坚定的认可，从而取得核心竞争优势。市场定位的确定能够帮助企业更好地明确未来的发展目标和发展方向，使得企业的营销策略制定更具有针对性，也更好地帮助企业在特定的市场上进行精准营销。

从前文的分析中可知，南京茶肆所在的南京市场属于人口量大、经济发展水平较高的区域，因此该市场客户一般对于餐饮的服务和产品有着更高层次的需求。南京茶肆充分利用自身的优势，有效地将专业的茶品服务与特色的餐饮服务结合起来，并搭配店内外古朴、典雅的装饰风格，以及服务人员统一的朴素店服，为客户提供了非常好的消费体验。根据自身的经营模式和产品服务特点，南京茶肆也对自身的服务进行了准确的市场定位，即"一个富有文化内涵的品茶、餐饮、休闲中心"，其中，品茶、餐饮是南京茶肆的主要服务内容，休闲是南京茶肆致力于通过服务所想要达到的效果，文化内涵是南京茶肆的店铺基石，也是南京茶肆的核心价值追求。当今，在快餐市场越来越成为整个餐饮行业的主流的时候，南京茶肆希望为人们提供一个与众不同的餐饮中心，在这里人们可以更好地把心静下来，品上一杯好茶，或是与家人、朋友惬意地用餐，感受南京茶肆的诗情画意、古朴典雅，让人们在这里感受不一样的用餐体验。另外，南京茶肆还希望通过店铺的形式，使茶文化的核心内涵能够有更多的客户了解和喜欢，更好地传递茶文化。总而言之，南京茶肆希望把自身不仅仅打造成为一个让大众所熟知、喜爱的餐厅，还是是一个文化传播的媒介。

第七章 南京茶肆营销策略制定与实施

市场营销策略注重营销团队对各自产品线的营销规划和实施，并且需要具体人员进行实时的跟踪和记录，才能够作用到相应的对象，通过4Ps营销理论，包括产品策略、价格策略、渠道策略、促销策略，全方位地解析南京茶肆如何在市场环境竞争中，通过整个团队的协作，实现动态管理。南京茶肆成立时间较短，营销策略尚未形成一整套体系，需要在保留原有较好的营销策略的同时，不断创新和培育新的营销方法，并制定更加科学、系统的营销策略。

第一节 产品策略

一、突出产品的特色

在市场竞争中，产品永远是处于核心定位的，一个产品的好坏从根本上决定了企业能否成功。对于餐饮企业而言，最重要的产品就是各类食品，而南京茶肆在产品上也下足了功夫，希望能够在产品方面突出自己的特色。首先，比一般的餐饮企业会更加注重菜品的不同，南京茶肆不仅在菜品上做得很出色，而且提供了非常专业的茶水服务。例如茶肆聘请了非常专业的茶艺师，对店内的员工进行了培训，保证了沏茶、泡茶、洗茶等各方面的专业性。其次，南京茶肆致力于突出菜品和茶叶特色的同时，还会不定期地对种类进行更新。在茶叶方面，目前南京茶肆所提供的茶水服务基本包括了国内所有著名的茶，包括绿茶、红茶、黄茶、白茶等，而且茶叶都是从产地进行采购的，保证茶叶的品质。在菜品方面，南京茶肆除了提供江浙菜之外，还提供其他的美食，包括甜品、凉菜、部分川菜等，这能够更好地满足不同客户的口味。在菜品更新方面，南京茶肆一般会每隔3个月左右就推出一些新的菜品，或是对原有的菜品进行改良，在这一过程中，茶肆会充分征集客户的意见和建议，并由厨师长经过多次试验，由此对菜品口味进行改良。此外，南京茶肆还提供了许多非常富有自身特色的菜品，如南大炒饭、茶肆牛肉炒饭、茶肆手牵手、民国沸腾饭、茶肆葱油饼等，这些菜品不仅口味与市面上其他店铺的菜品有所差异，而且南京茶肆在菜单命名上也下足了功夫，希望能够突出南京茶肆的意涵。

二、做好店铺的装饰设计

在店铺环境设计方面，南京茶肆也是煞费苦心的，通过专业的设计，突出南京茶肆自身的风格和特色。为此，南京茶肆聘请了专业人员进行设计，并以生态手法进行定制，融合了明清、民国和现代三种审美，很好地诠释了南京茶肆静、典雅、古朴的艺术风格。

三、严格把控服务质量

餐饮行业作为服务行业的一类，其提供的不仅仅是食品、茶水等，还提供了无形的服务。对于餐饮企业而言，服务的重要性也在不断增加，越来越多的消费者在选择餐饮机构时也会更加看重服务这一部分。因此，南京茶肆需要在做好菜品的同时，保障服务的质量。首先，南京茶肆对服务人员进行了非常专业的培训，保证合格后才能安排上岗。在培训的过程中，会对服务人员的行为规范、礼仪等进行统一。其次，南京茶肆还为店铺的服务人员制定了统一的服装，在服装设计方面，突出朴素、典雅的风格，以粗麻布为主材料，颜色偏素，与店铺整体装修风格和店铺的意涵贴近，使用餐的客户感受不一样的氛围。最后，南京茶肆还执行了一套较为详细的服务行为准则，保障服务人员在服务过程中的规范性，尤其是在遇到紧急问题的时候，服务人员要保持克制、冷静，了解客户的实际需求，并更好地进行解决。

第二节 价格策略

价格是消费者在选择产品时考虑的重要因素之一，对于消费者而言，总是希望能够找到物美价廉的产品，但是实际情况是往往质量越好的产品，其生产成本往往越高，定价也越高。对于企业而言，则是需要根据具体的市场情况来选择合适的价格策略，正确的价格策略往往能够帮助企业提高经营收益，反之，则会严重制约着企业的生存和发展。市场和价格在一定程度上存在着矛盾关系，南京茶肆在制定价格策略时也需要面临权衡问题，如何在价格、市场以及业务收入之间找到一个更好的平衡点。对此，南京茶肆在市场营销中一般采取以下价格策略。

一、整体上采取成本定价法

所谓成本定价法是指根据自身的经营成本来决定具体的产品价格。南京茶肆采取成本定价法的原因主要包括两点：第一，南京茶肆2015年才开始正式营业，而且是通过众筹的方式成立的，众筹人较多，但每人投资的金额不多，南京茶肆最初成立的目的也是同学们毕业后有一个可以相聚的场所，因此，南京茶肆在成立之初的想法也是希望能够保持店铺的持续经营。采用成本定价法，能够更好地保障店铺的收入覆盖成本，这样对于保持持续经营而言具有一定的优势。第二，南京茶肆具有一定的营业规模，而其经营模式与一些靠客流量的店铺不同，针对的目标客群也更为固定，因此采取成本定价法可以更好地保证价格的合理性。

二、价格优惠

价格优惠是吸引客户的有效方式之一，尤其是在店铺知名度和影响力相对较小的时候，优惠活动能够在短时间内帮助店铺增加客流量。在店铺开业之初，南京茶肆就推出了优惠活动，如全场消费9折，除此之外，还享受现金支付满100送20消费卡，双重优惠活动的推出，既给了客户一定的实惠，又有效增加了客户回头率。同时，为了提高客户的服务体验，南京茶肆还拿出5%的营业额给客户送惊喜，给每一位消费的客户送一份时令水果或蔬菜；在服务上再拿出南京茶肆5%的营业额投入在南京茶肆人员服务上，南京茶肆从专业的中餐厅聘请一位领班和一位前厅经理，让客户在南京茶肆不仅可以享受到传统的茶艺服务，也可以享受到会所式的高端中餐服务。通过前期这种有针对性的营销，南京茶肆在较短时间内迅速打开了市场，并且凭借着良好的服务、环境以及正宗的菜品，吸引了一大批忠实的客户，为后续的稳步发展奠定了良好的基础。在此基础上，南京茶肆继续推出了会员卡优惠服务，客户可以办理南京茶肆的会员卡。在会员卡办理上，推出了充2000送300，充3000送500，充5000送800活动，起点2000既体现了与普通茶馆的差距，又合理地设置了优惠幅度，同时也使南京茶肆会员卡成为一张有身份和消费能力的象征。此外，对于会员卡的充值活动，南京茶肆还推出了充值送礼品的活动，如充值 3000 送 200 和茶具一份，充值 5000 送 500 和价值 200 的茶叶礼盒，充值 10000 送 1200 和价值 400 的茶叶礼盒，这使得充值活动的形式不断增加，满足了不同客群的偏好。

三、保持价格的稳定性

在各种菜品、饮茶服务价格方面，一直以来，南京茶肆都尽力保持价格的稳定性，从而给予客户更好的消费体验。对于一些经营成本的小幅上涨，南京茶肆一般不会提高相应的菜品价格，同时，在产品质量、原材料质量等方面又要坚持做得更好。自 2015 年开业以来，南京茶肆的主要菜品价格基本一直未变，这给广大的客户留下了非常好的印象。

第三节　渠道策略

一、拓宽线上营销渠道

目前，南京茶肆的线上营销渠道主要包括美团、大众点评等平台，从实际营销效果来看，线上网络的营销占比还不到 10%，比重较低。虽然南京茶肆的目标客群相对固定，但是在餐饮行业日益线上化的趋势下，南京茶肆还是需要更加重视线上渠道的拓展，以此来不断提高店铺的营业收入，也为日后的线上业务发展奠定基础。为此，南京茶肆可以从两个方面进行线上营销渠道的拓展。第一，可以继续扩大线上渠道的种类，重点选择一些在南京本地影响力大、范围广的线上渠道。同时，可以更多地利用一些自媒体渠道，如微博、微信公众号等，这类渠道的传播性强，而且营销成本较低。在具体的宣传内容方面，要重点突出南京茶肆的产品优势和差异化特征，以便更好地吸引客户。例如，在通过微信公众号和微博进行营销推广时，可以增加一些与美食相关的知识，或是一些茶文化知识等，通过宣传推广吸引更多的客户关注，在积累了一定的流量后，再通过适当的手段对公司的产品进行宣传。第二，可以考虑进行一些线上餐饮的配送。目前，由于人员规模限制，南京茶肆基本不提供外卖服务，但是这一块的市场需求未来是非常大的。因此，南京茶肆可以与线上平台拓展合作内容，提供外卖服务，并扩大人员规模，专门负责这一块的订单，这样既方便了客户，又能够帮助自身提高线上业务的规模。

二、线下销售渠道制定目标和方向

在进行线下渠道拓展的过程中，南京茶肆需要制定更为系统、全面的营销策略，有重点、有方向地进行市场拓展。由于南京茶肆的人员大多是服务、采购类人员，在进行营销宣传方面缺乏专业的经验。因此，南京茶肆首先要对部分的人员进行一定的培训，让其增加营销能力，在此基础上再有重点地进行营销渠道拓展。第一，对周边院校的学生进行客户拓展，可以在南京茶肆店铺的周边院校开展一些营销活动，由店铺人员发放传单、进行优惠活动介绍等。在营销地点选择方面，可以重点选择硕士生、博士生的宿舍楼，提高宣传对象的针对性。第二，对周边居民小区的居民进行客户拓展，可以举办一些有益的活动，如茶文化讲座、传统节日活动等，并且在部分小区内进行宣传，吸引更多的客户前来参加。第三，餐饮行业是一个非常注重口碑和体验的行业，如果口碑较差或者是客户有过一到两次不好的消费体验，那么这个客户基本不会再来了。因此，对于南京茶肆而言，最重要的就是保障客户在消费过程中的体验。

三、善于利用已有客群或渠道进行转介绍

餐饮行业是一个非常看中口碑的行业，人们往往会根据他们的经验或是介绍选择店铺，对此，南京茶肆可以充分利用已有的客户或渠道进行介绍，将自身良好的口碑和形象加以推广，由此拓展业务渠道。一是利用已有客群进行渠道拓展，可以给予老客户推荐新客户一定的奖励，具体奖励可以是下次消费的优惠或奖励，以此增加老客户推荐的积极性和主动性。二是利用众筹小组进行渠道推广，充分利用各位众筹人的人脉资源，让更多众筹人选择在南京茶肆用餐。对此，针对56位众筹合伙人，南京茶肆在端午节、中秋节等节日赠送粽子礼盒和月饼礼盒，给股东充分的成就感，同时众筹合伙

人来南京茶肆消费都可以享受赠送果盘或茶点的特权，让股东们有主人公的感觉——我是股东，我做主。三是不断拓展众筹人的范围，南京茶肆特开通绿色通道让更多的 EMBA 同学参与，允许一部分本科毕业满 8 年的企事业高管参与众筹，并享受一万元一股，每人不超过三股，每股每年分 2000 元南京茶肆消费卡。通过这种方式，让一些喜欢南京茶肆，支持南京茶肆的优秀人才都加入南京茶肆大家庭来。四是利用老师资源和渠道进行推广，南京茶肆会更多地推进高校老师来用餐，并帮助进行宣传推广，这在一定程度上也有效地促进了南京茶肆在高校内知名度的提高。

第四节　推广策略

推广策略是指通过公共关系、广告宣传等多种形式和手段来进行产品推广。南京茶肆在市场推广过程中，可以采用"推拉结合"的推广策略，一方面积极运用推动策略，不断拓宽销售渠道；另一方面则是投入更多资源，实施拉动策略，通过广告宣传、公共关系等多种形式提高店铺的知名度和影响力。

一、注重店铺定位与形象宣传

目前，南京茶肆在进行具体的产品以及服务推广过程中，往往更加注重的是将店铺的主要产品，包括茶水服务、餐饮服务等介绍和推广给客户，却忽视了店铺定位的宣传推广。但是对于南京茶肆的长远发展而言，店铺的形象以及定位推广可以帮助其实现未来的长远发展。通过店铺形象和定位的树立，能够更好地让客户对南京茶肆的理念文化等形成情感认同和价值认同。因此，南京茶肆要注重公司定位的宣传，让更多的客户了解自己。如在通过各种渠道进行宣传推广时，可以优化版面设计，将南京茶肆的定位更好地传递给大家，让大家对于店铺的文化理念、内涵等有一定的认知，来南京茶肆消费不仅仅是享用了一顿美食、品味了一杯好茶，也是来陶冶自己的情操，感受传统的茶文化。同时，在微博、微信公众号等平台中，要加强与客户的互动，可以将南京茶肆"一个富有文化内涵的品茶、餐饮、休闲中心"这一市场定位传递给大家，这样也可以让更多的人有兴趣去了解南京茶肆。

二、提高品牌的形象价值

如今市场经济高度发达，品牌价值的概念也越来越深入人心，企业在发展过程中越来越重视品牌的培养以及品牌价值的提升。良好的品牌形象是指品牌在社会中具有正面的、积极向上的形象，它往往能够博得广大消费者的好感和价值认同，消费者在进行具体的产品选择时，也往往会更为青睐一些品牌价值较高的产品。从品牌价值产生的角度来讲，品牌价值源于企业在为消费者提供产品和服务过程中所积累的经验，包括员工的服务态度，产品的使用价值、质量评价等，而且在这个越来越重视服务的社会上，服务对于品牌价值的提升具有重要作用。为此，南京茶肆对员工服务行为、态度等进行了严格规范，为客户权益提供了更好的保障。同时，南京茶肆还富有浓厚的文化氛围，例如与一些高校老师进行密切互动，邀请一些知名的教授在南京茶肆开办一些小型的讲座等。这吸引了许多学生前来参加，既提高了南京茶肆的知名度，又丰富了南京茶肆的文化涵养。而且南京茶肆还不断地拉近了自己与学生、高校之间的关系，赞助了一些校内活动，如高校迎新晚会、新春联欢晚会等，共同与学生庆祝传统节日。另外，"行万里路，读万卷书"也是南京茶肆的理念之一。为此，南京茶肆采购 5000 多册图书，放在大厅、包间，每个区域（包含每个包间）的书架上、窗台上都放有书本方便随手阅读，持南京茶肆会员卡的客户可以借书回家看，附近居民还可以花 100 元办理借书证。总之，南京茶肆免费给客人提供阅读空间，为全民阅读承担一定的社会责任。这一行为也使得茶肆获得了诸多好评。

三、创新推广方式

餐饮行业是一个非常贴近大众，但种类又十分丰富的行业，许多餐饮企业为了更好地吸引客户，在营销推广方面也是不断创新，而且更加注重让客户参与体验，给予客户个性化、差异化的服务。对此，南京茶肆也可以考虑通过不一样的营销推广方式，来给予客户不一样的感受。南京茶肆会结合一些特定的主题，推出一些有个性的体验活动。例如，南京茶肆会在店铺内放置许多花卉，并推出了插花活动，邀请客户前来体验，通过开设插花课程，客户不仅学会了基本的插花技巧，而且也对南京茶肆内的布局有了更深刻的理解和认识。南京茶肆还会在一些传统节日里，推出富有特色的体验活动，邀请学生、附近的居民等前来参加，共同制作，烘焙月饼、一起包粽子等，这种活动既让大家对传统的文化节日更感兴趣，也拉近了南京茶肆与客户之间的关系。在月饼、粽子制作完成后，南京茶肆会将这些食品赠送给大家，让大家一起品尝。未来，南京茶肆可以考虑推出形式更为丰富、种类更为多元化的体验活动，让更多的客户能够参与进来。

第八章 结 论

　　餐饮行业作为我国服务业的重要组成部分，近年来在我国经济中扮演着越来越重要的角色，餐饮在整个社会零售业中的比重不断提升。从近几年我国餐饮行业的发展状况来看，我国餐饮行业在内部存在着一定的自我矛盾。一方面，餐饮行业与人们的收入水平和消费水平有着密切的关系，我国居民收入水平和消费水平的不断提高，使得餐饮行业的整体市场规模不断提升，到 2018 年我国的餐饮行业市场规模已经达到了 4 万亿元，而且仍然呈现出快速增长的发展趋势。同时，人们对餐饮行业的要求也日益提高，尤其是对于个性化、特色化的餐饮需求不断增长，这也要求传统的餐饮企业要根据自身情况进行一定的调整和变化。另一方面，近年来，我国餐饮企业的经营状况却不尽如人意，2018 年我国餐饮企业的月倒闭率近10%，且餐饮企业的平均寿命周期不到 2 年。这说明我国诸多的餐饮企业面临着较大的经营困难。从实际情况来看，外部市场环境的变化，如房租、人力成本的上升，以及线上餐饮的快速发展等都对实体的餐饮企业造成了一定程度的影响，但是其内部原因也是存在的。南京茶肆成立于 2015 年，自成立以来一直保持着非常好的经营业绩，营业收入和净收益率都在不断提高。因此，本书希望通过对南京茶肆营销策略进行系统的分析，详细阐述其经营和营销模式，以便为其他餐饮企业提供有价值的借鉴。通过对南京茶肆营销策略的研究，本书可以得出以下具体结论：

（1）南京茶肆于 2015 年通过众筹的模式成立，虽然成立时间不是很长，但是从经营情况来看，南京茶肆取得了非常好的成效，无论是营业收入还是净收益率都呈现出逐年增长的态势，这与南京茶肆具有针对性的营销策略有着密切的关系。

（2）虽然南京茶肆的整体经营情况不错，但是在市场营销方面也存在着一定的问题，包括线上化渠道拓展不够、单一产品特征不够突出、品牌培育不够等，这也是南京茶肆在今后的市场营销过程中需要重点解决的问题。

（3）近年来，我国餐饮行业外部环境发生着较大的变化，一方面，餐饮行业的市场规模呈现出不断扩大的发展趋势，餐饮行业的相关法律法规也不断完善，这有利于餐饮行业的进一步发展；另一方面，市场竞争不断加剧，整体的餐饮行业变动较大，且消费者偏好的变化也对餐饮企业提出了越来越高的挑战。

（4）通过对南京茶肆的 SWOT 分析可以发现，南京茶肆的内部环境优势包括客户资源优势、产品和服务优势、众筹模式优势、餐饮环境和文化优势等，内部环境劣势包括运营管理经验较欠缺、市场品牌效应还较弱、单一产品特征不突出、线上化渠道拓展不够等，外部环境机会包括餐饮行业市场规模不断扩大、人们消费水平和结构升级、餐饮行业相关法律法规不断完善等，外部环境威胁包括市场的恶性竞争、餐饮行业进入门槛较低、外部品牌进入可能带来的挑战等。从整体上来看，南京茶肆内部环境的优势要大于劣势，外部环境的机会要大于威胁，因此，南京茶肆应该选择 SO 战略，即依靠内部优势，利用外部机遇。

（5）根据 STP 理论，南京茶肆在进行目标市场选择时，应将发展目标集中在 20—50 岁之间且具有一定的文化涵养的群体，主要是店铺周边的高校学生，并以硕士生和博士生为主，以及附近小区的居民、企业客户等。在具体的市场定位上，南京茶肆将自己定位于"一个富有文化内涵的品茶、餐饮、休闲中心"，其中，品茶、餐饮是南京茶肆的主要服务内容，休闲是南京茶肆致力于通过服务所想要达到的效果，文化内涵是南京茶肆的店铺基石，也是南京茶肆的核心价值追求。

（6）根据 4Ps 营销策略，南京茶肆的产品策略包括突出产品的特色、做好店铺的装饰设计、严格把控服务质量等；价格策略包括整体采取成本定价法、实行价格优惠、保持价格的稳定性等；渠道策略包括拓宽线上营销渠道、线下销售渠道制定目标和方向、善于利用已有客群或渠道进行转介绍等；推广策略包括注重店铺定位与形象宣传、提高品牌的形象价值、创新推广方式等。

附　录

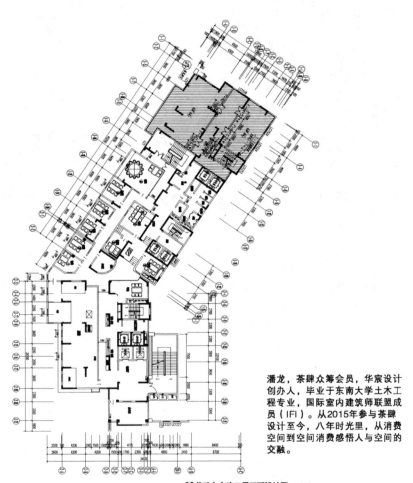

潘龙，茶肆众筹会员，华宸设计创办人，毕业于东南大学土木工程专业，国际室内建筑师联盟成员（IFI）。从2015年参与茶肆设计至今，八年时光里，从消费空间到空间消费感悟人与空间的交融。

南京茶肆东宝路三层平面设计图

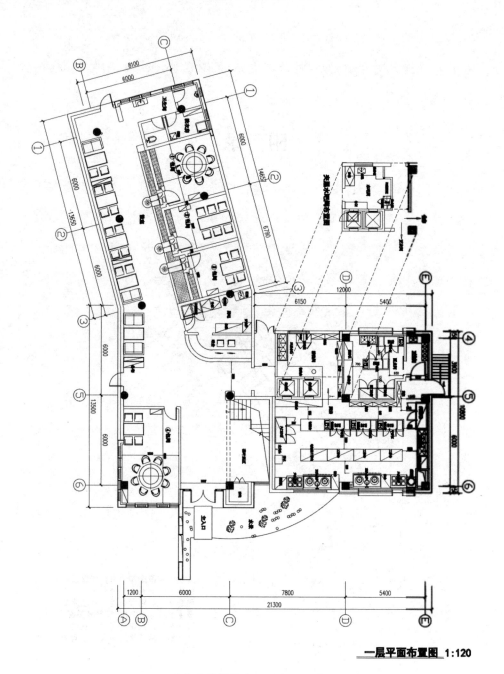

一层平面布置图 1:120

南京茶肆仙林店一层平面设计图

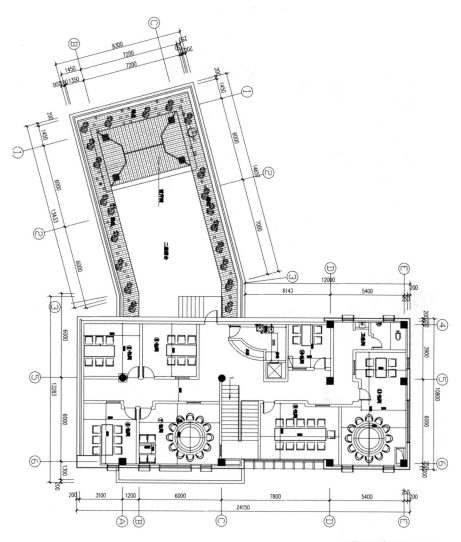

二层平面布置图 1:120

南京茶肆仙林店二层平面设计图

南京茶肆桦墅村一层平面布置图

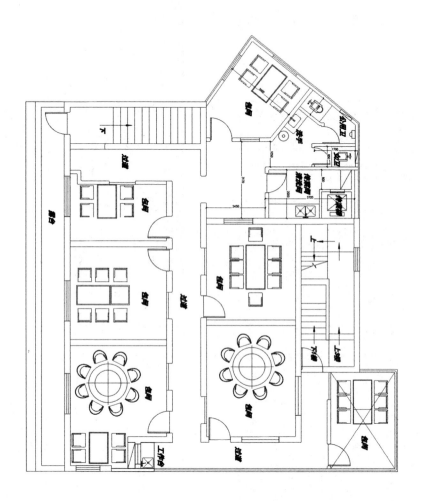

南京茶肆桦墅村二层平面布置图　　1:120

南京茶肆桦墅村二层平面布置图

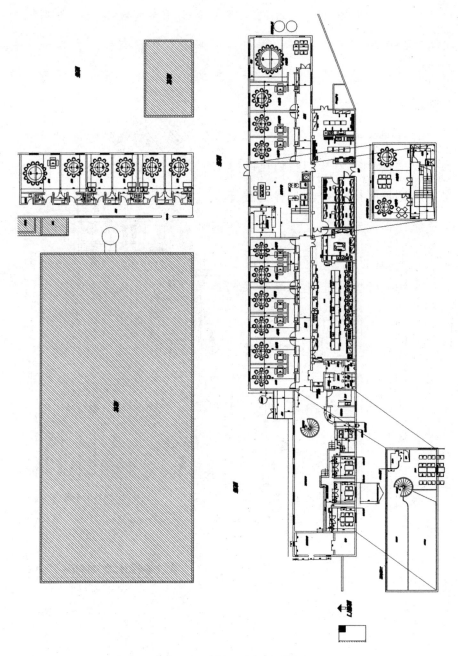

九间坊会议中心平面设计图

参考文献

［1］万力．中国名牌战略［M］．天津：天津大学出版社，2001．

［2］陈祝平．餐饮营销策划与案例［M］．沈阳：辽宁科学技术出版社，2003．

［3］小威廉·D. 佩罗特，尤金尼·E. 麦卡锡．基础营销学［M］．梅清豪，周安社，译．上海：上海人民出版社，2006．

［4］冯丽云，李宇红．现代营销管理［M］．北京：经济管理出版社，2006．

［5］蔡万坤，刘捷，于铭泽．餐饮企业市场营销管理［M］．北京：北京大学出版社，2009．

［6］徐宝良．做品牌餐饮的经营秘密［M］．西安：陕西师范大学出版总社有限公司，2010．

［7］唐兴通．社会化媒体营销大趋势：策略与方法［M］．北京：清华大学出版社，2011．

［8］杰里米·里夫金．第三次工业革命［M］．张体伟，孙豫宁，译．北京：中信出版社，2012．

[9] 杨青龙. 全成本、比较优势与国际贸易 [M]. 上海：格致出版社, 2019.

[10] 杨青龙. 综合成本上涨对长三角地区产业升级的影响研究 [M]. 北京：人民出版社, 2019.

[11] 宣烨. 中国生产性服务业发展战略与路径研究 [M]. 北京：中国经济出版社, 2020.

[12] 巴曙松. 关注多层次中小企业融资渠道 [J]. 中国中小企业, 2004 (1).

[13] 李国生. 餐饮机构营销模式的创新研究 [J]. 商场现代化, 2006, 8 (11).

[14] 刘宁, 陈蕾. 浅议国内餐饮业营销发展特点 [J]. 经营者, 2007, 10 (2).

[15] 路琪, 段敏, 胡卫平. 探索现代饭店业营销方式变革之路 [J]. 黑龙江对外经贸, 2007 (1).

[16] 万雪芹, 孙晓. 基于文化差异的餐饮品牌体验分析 [J]. 商业研究, 2009 (2).

[17] 高文华. 餐饮营销中的顾客体验路径 [J]. 企业改革与管理, 2010 (2).

[18] 李祗辉, 韩真洙. 基于文化维度的酒店服务质量与顾客行为意向关系研究 [J]. 华东经济管理, 2010, 24 (5).

[19] 张越群. 基于 scp 模式分析的我国餐饮业体验营销策略探析 [J]. 江苏商论, 2010 (7).

[20] 郑锐洪, 杨蕾. 体验营销：顾客体验价值形成与实现的二

维路径［J］. 经济问题探索, 2012 (8).

［21］曾艳. 基于 stp 的休闲餐饮营销战略探讨［J］. 企业经济, 2013, 32 (3).

［22］范家琛. 众筹商业模式研究［J］. 企业经济, 2013 (8).

［23］王小琴. 浅析 CP2C 众筹营销模式———以乐视 TV 为例［J］. 商场现代化, 2014 (5).

［24］苏落. 众筹如何"变异"为营销妙招［J］. 成功营销, 2014 (6).

［25］邓晨菲. 众筹网站: 一种新型营销模式［J］. 新闻世界, 2014 (11).

［26］杜红艳. 餐饮企业体验营销策略探析［J］. 企业导报, 2015 (15).

［27］李洁. 餐饮品牌营销策略研究［J］. 广告大观 (理论版), 2015, 13 (1).

［28］张琼. 浅谈餐饮行业的营销现状［J］. 经营管理者, 2015, (29).

［29］张羽. 大数据时代中国企业的营销模式创新研究［J］. 现代商业, 2015 (13).

［30］战红. 互联网营销时代教育培训机构营销转型［J］. 现代营销 (下旬刊), 2016, 12 (4).

［31］孙绪芹. 我国数字有声出版现状及启示: 以《朗读者》为例［J］. 编辑之友, 2017 (7).

［32］孙绪芹. 当代茶馆经营策略研究——以南京茶肆为例

[J]. 教育教学论坛, 2017 (26).

[33] 孙绪芹. 近代南京茶馆与城市生活研究评述 [J]. 课程教育研究, 2017 (44).

[34] 方维慰. 推进数字经济高质量发展的战略分析 [J]. 重庆社会科学, 2019 (11).

[35] 孔群喜, 彭丹, 王晓颖. 开放型经济下中国 odi 逆向技术溢出效应的区域差异研究——基于人力资本吸收能力的解释 [J]. 世界经济与政治论坛, 2019 (4).

[36] 孙绪芹. 政治与文化: 作为城市公共空间的茶馆——基于民国南京古雄镇的实证研究 [J]. 福建茶叶, 2019, 41 (7).

[37] 王紫绮, 孔群喜, 彭丹. 要素错配是否抑制了中国企业对外直接投资的"学习效应"? ——基于中国工业企业的微观证据 [J]. 财贸研究, 2020, 31 (2).

[38] 孙绪芹. 零售企业社会责任、企业声誉与消费者企业认同相关性分析 [J]. 商业经济研究, 2021 (5).

[40] 王素珍, 徐雅静. 论饭店营销策略中的文化营销 [J]. 渤海大学学报 (哲学社会科学版), 2006 (5).

[41] 柳荣. 体验营销及其策略分析 [J]. 长春大学学报, 2008 (1): 11-13, 35.

[42] 戴捷. 有限合伙制度简述 [J]. 知识经济, 2009 (3).

[43] 陈玮. 餐饮体验营销应用初探 [J]. 淮海工学院学报 (社会科学版), 2011, 9 (19).

[44] 傅喆. "美国 JOBS 法案" 签署 鼓励中小企业融资 [J]. 杭

州金融研修学院学报，2012（6）.

[45] 胡吉祥，吴颖萌.众筹融资的发展及监管 [J].证券市场导报，2013（012）.

[46] 赵正.众筹营销：筹的不是钱，是市场 [J].中国经营报，2014（11）.

[47] 孔群喜，王紫绮.对外直接投资如何影响中国经济增长质量：事实与机制 [J].北京工商大学学报（社会科学版），2019，34（1）.

[48] 孙绪芹，茆静.民众茶园里的民众教育——以 1927—1937 年江苏省民众茶园为例 [J].淮阴师范学院学报（哲学社会科学版），2019，41（2）.

[49] 孙凌.饭店文化营销运作模式研究 [D].成都：四川大学，2006.

[50] 姚远.我国大型网上零售企业的网络营销策略研究[D].大连：东北财经大学，2007.

[51] 王建民.企业文化营销策略研究 [D].北京：北京交通大学，2008.

[52] 赵君丽.HS 餐饮品牌市场营销策略优化研究 [D].武汉：武汉大学，2008.

[53] 李巧丽.中小企业融资模式创新研究 [D].杭州：浙江大学，2013.

[54] 郭新明，王晓红，王钢，等.众筹融资的发展与规范问题研究 [N]，金融时报.2013-12-16（010）.

［55］LAUTERBORN B. New marketing litany：four ps passe：C-words take over［J］. Advertis ng Age，1990.

［56］BOOMS B，BITNER M. Marketing strategies and organizational structures for service firms［J］//American Marketing Assocation. Marketing of services. Chicago：Marketing of services，1981.

［57］MAHAJAN V，VENKATESH R. Marketing modeling for e-business［J］. International Journal of Research in Marketing，2000，17（2/3）.

［58］BARNES L，LEA-GREENWOOD G，BRUCE M，et al. Buyer behaviour for fast fashion［J］. Journal of Fashion Marketing and Management，2006，10（3）.

［59］BARNES L，LEA-GREENWOOD G. Fast fashion in the retail store environment［J］. International Journal of Retail & Distribution Management，2010，38（10）.

［60］MIHM B. Fast fashion in a flat world：Global sourcing strategies［J］. International Business & Eco-nomics Research Journal（IBER），2010，9（6）.

［61］SCHWIENBACHER A，LARRALDE B. Crowd funding of small entrepreneurial ventures［J］. SSRN Electronic Journal，2010（10）.

［62］WARD C，RAMACHANDRAN V. Crowdfunding the next hit：Micro funding online experience goods［J］. Computational social science，2010（1）.

后记（一）

勤工俭学、半工半读，伴随我三十年的求学生活，当初创业只是为了有钱读书，而如今读书是为了更好的创业。读万卷书，为了改变生活；行万里路，为了充实生活。

我的求学之道堪称坎坷，一路蜿蜒曲折。我曾在这漫漫长路上攀过奇险秀丽的高峰，也蹚过静水流深的暗河。与此同时，涌动在血脉中的经商基因曾在求学路上助我一臂之力，也差点弄巧成拙，令我经受颇多磨难。终于，在我历经上下求索，到了将近不惑之年时，我与百年名校南京最高学府南京大学有了密切的交集。有幸在南京大学读完商学院 EMBA 后，我已觉天地之无垠、历史之深广，这些越发坚定了我继续深造的决心。

我的父母都是扎根于地的农民。在那样一个动荡方歇、百废待兴的年代，重视子女教育的农村家庭并不多，我的父母算得上凤毛麟角。更为难得的是，我的祖母也极为支持孙辈的教育。时隔多年，我犹记得她的谆谆教导，她多次不厌其烦地将孙家祖上曾经出过一位举人的事例讲与我听。在她语重心长的叙述中，这位读书中举的先人是我们整个家族、整个滥洪村，甚至整个青伊湖镇的荣耀。幼年时我常颇多困惑，直到年岁渐长，才意识到这是祖母对我的殷切期盼。我的父母共有六个孩子，在物质极端匮乏的年代能够供子女读书，本就是壮举。母亲甚至常以在南京参加过化工短期培训班的舅舅之事例来激励我，告诉我读书是穷人通向美好生活的光明之路。除了长辈之外，大我十六岁的哥哥也给我很大影响，当我还是个小学生时，哥哥已经考上了高中，他和他的同学寒暑假期精彩的互动生活也在我心里种下了读书的种子。

幼时家中经济困窘，父母经常为我的学费而忧心。而那时的我，已经表现出了一点崭露头角的经商天赋。后来从大人口中我才得知，我在经商时的灵活变通与机敏聪颖也许是根植在血液里的传承。从小学到初中，我会利用暑假时间，到离家三公里外处批发棒冰再回来走田串巷地吆喝；在寒假期间，我则用黄书包装着红纸做的财神爷和灶老爷沿着市集到处叫卖。

每当开学的时候，家中就像打仗一般厉兵秣马，严阵以待，集全家之力凑钱。我常常在开学前陪着父亲去集市上卖小麦、玉米或黄豆；替母亲捉鸡卖钱；自己割柳条、捉龙虾来换学费，甚至还养过一群繁殖极快的兔子，小小年纪就过了一把"农场主"的瘾。我在这些丰富的生活实践中，学到了许多为人处事的道理，觑到了各种潜在的行规与门道，体察了人生百态与世间民情，这也为日后自己创业打下了最初的基础。但一旦学习紧张，我就立刻停止一切"商业活动"，努力读书、专心向学。有人读书是为了挣钱，而我挣钱是为了更好地读书。

　　二三十年前，乡村小学学习条件艰苦，师资力量薄弱，我的美术、音乐都是数学老师教的。即便如此，我依然热爱那片土地，热爱那最初将我导向读书之路的引路人。在曾经贫瘠的土地上，依然有聪慧的人们生生不息、薪火传承。我的老师们开启了我的智识，鼓励我并鞭策我。而我的同学中更不乏佼佼者，在一位"博学"的同学影响之下，小学还未毕业的我就已开始接触《牛虻》《平凡的世界》《钢铁是怎样炼成的》等诸多经典著作。这些书几乎贯穿了我的整个成长阶段，为我提供了源源不断且绵延悠长的影响力。在孙少平、孙少安身上，我学到了坚韧不拔与不屈不挠，以及面对困难勇往直前的品质。通过读书，我曾经懵懂的灵魂得到了温厚而丰润的滋养，睁开了曾经蒙昧的双眼，同时也下定了通过读书来达成梦想的决心。

　　小学毕业后，我曾在兄长的安排下，去沭阳武术学校打熬筋骨。最初在那里我感受到的是强烈的孤独与无助，以及弱肉强食的丛林法则。教练不苟言笑、训练严格，武术学校师兄弟们勤奋刻苦、力争上游，给素来顽皮且无拘无束的我带来极大的压力。正如脱缰的野马上了铁辔头，跑步、蹲马步、蛙跳、俯卧撑、练习大小洪拳……随着一段时间的训练，我慢慢适应了武术学校的节奏，同时也交上了二三个知心好友。从游离到融入集体是一个循序渐进的过程，传统武术强健了我的体魄，增强了我的毅力。而与家人的分离让我切实体验了一番怀乡之"乡愁"。这段插曲锻炼了我的意志力，也让我无形中养成了良好习惯。读初中时，我在自己房间内设置了沙袋，学习之暇则打拳解乏，劳逸结合。直到高中，我都每天坚持在刷牙和空闲的时候扎马步。自小升初那个暑假之后，我从未生过大病。强壮的身体为我后天的学习提供了革命的本钱，更培养了我的耐力与魄力。

初中时期，我就读于青伊湖乡镇中学。初中阶段的第一次期中考试，我勇夺班级第一名，这让同学们刮目相看。正是这次的考试使我尝到了学习的甜头，且我心中一直记得小学时期一位恩师对我的夸奖，说我将会"一鸣惊人"。这次考试，让我不再甘于屈居人后，同时也明白了"一分耕耘一分收获"的道理。俗话道："攻城容易守城难"，为了维持自己班级第一的位置，我付出了巨大的努力，养成了不服输的品格，同时也明白了"一山更比一山高"的道理。

我的成长离不开身边良好的学习环境，在初中阶段，整个班级学习氛围蒸蒸日上，你追我赶，相互比拼的同时大家尽量做到互帮互助。初中的教资力量比小学好了许多，不乏音乐、美术专业的老师，但囿于时代与环境的限制，副科仍然上得少。但大多数老师都关心学生、爱护学生，牺牲自己和家人的时间，课后为学生们"开小灶"。如今想来，当时的我们因为不懂事，占用了老师们多少时间！或许是经济市场开放与农耕文明交错的时代特色，当年学校电工兼任校医。农忙时，学生帮老师割小麦、插秧都是常事。而我们的学校操场一角有放牛场和猪圈，刘（牛）校长经常让我们从家带牛草来，我们那时也经常"与牛共舞"，如今想来不觉会心一笑。

在不算优越的环境下，我拼命学习、艰苦奋斗的同时也十分安心，因为我知道背后有父母的期许和守望，他们是我疲累后可以停泊的温暖港湾，也是我奋斗与学习的原动力。在我上初中时，父母年事已高，即使如此，他们仍给予了我最大限度地体贴与关怀。而我的兄长与姐姐们，在物质与精神上都给予了我极大的帮助与鼓励。初中三年，我并未一味学成"书呆子"，在课余依然保持开朗，野蛮生长。我还在繁重的学习过程中交到了极好的朋友，从他身上汲取长处来弥补自己的不足。直到如今，我们依然保持密切的联系，相互鼓励并一同进步。

在青伊湖中学毕业后，我考上了县城的沭河中学。然而，师资力量较好、教学严厉的沭河中学在学业上给了我极大的压力。学习环境的巨变让我无法适应，而曾经养成的良好学习习惯在瞬间轰然坍塌。甫一入校，高中第一次考试就给了我一个巨大的"下马威"。曾经在初中班上能够"放卫星"、数一数二的我，竟然在此次考试中居于班级后十名之列。这次考试更是一场严峻的考验，令我当时痛彻心扉，时隔多年仍然记忆犹新。我从初中起，就知道同学中有卧虎藏龙者，但从未受到如此打击。这也是审视自我的一次契机。"学如逆水行舟，不进则退"，在这里得到了最好的佐证。老师们讲课时都争分夺秒，同学们则是以加速度来学习，也许一次愣神或分心，就错过了学会一个知识点的机会。我在学习过程中，陷入了巨大的困惑，犹如困兽之斗。但"福兮祸之所依，祸兮福之所伏"，我也正从此时开始有了切身体会。我在班级上的人缘出奇的好，甚至担任了"代理班长"一职，而正是在此期间，我发现了学校管理上的一些缺憾。由于教室没有时钟，老师和同学们都无法把握教学进度与考试进度。发现问题并解决问题，这也是我的"问题意识"第一次在现实当中得到实践并解决。我从钟表店购来时钟挂在教室的墙上，解决了老师们因不知具体时间而拖堂的问题。后因在师生之间反响很好，我便去县城建陵市场批发时钟卖给年级老师使用，对私生意转成了对公生意。学校无意间成了我的"商场"，如今回想起来，依然要感谢老师与同学们对我的信任。我将挣来的钱买了一条价格不菲的康威牌运动裤，这是我熠熠生辉的人生勋章。它时刻提醒我，生活处处有机会，缺的只是发现机会的眼睛。

　　高二、高三这两年，对我的毅力锻炼达到了一个前所未有的程度。尤其高二这一年，进行了分班考试，我从重点班降到了普通班，心境上的打击可想而知。不同的学习环境为我提供了不同的视角，让我看到了不同层次同学的生活状况。甚至在高二这一年，我曾两次离校来南京实地考察。第二次出走，让我明白了自己在社会上的定位，也意识到了高中生与大学生的区别。当夜，我在南京街头，以车为幕，以地为席，度过了难忘的一晚。此后我心中更加清楚，世间每个人都有属于自己的压力，都有自己要面对的苦难。正如《孟子》所云："天将降大任于斯人也，必先苦其心志，劳其筋骨，饿其体肤，空乏其身，行拂乱其所为，所以动心忍性，曾益其所不能。"正所谓"艰难困苦，玉汝于成"，苦难本身并不值得赞扬，值得赞扬的是面对苦难时不屈不挠，并从中汲取到向上力量的自己。而这些精神财富体现在后来创业经商上就是独立思考和解决问题的能力，以及"明知不可为而为之"的勇气。

　　由于对自己的高考成绩并不满意，高三结束后，我转入一所乡镇中学复读。在这一年里，我变得前所未有之沉寂。我游离于集体之外，与老师和同学们之间似乎有着一层隔膜，可以看到他们的笑容，却听不见他们的声音；能看到洒在他们身上的阳光，却感受不到同样的温度。而正是在这样的磨砺之下，我潜下心来刻苦学习，终于在第二年高考时，比第一年高考考分高了九十多分。虽然并未达到自己理想的成绩，但综合考虑，我填报了南京邮电大学通信工程专业。录取后，我还利用假期去工地做了一段时间的短工赚学费，但即使在打工阶段，我也保留了每天都阅读报纸、汲取新信息的习惯。

父母东拼西凑，终于为我凑齐了大学第一学期的学费。正是在大学里，我开启了自己的经商之路。为了减轻家中的负担，在勤奋读书、听讲座之余，我四处寻找商机。做家教、批发英语辅导书……同样也是这些经历又一次告诉了我读书的重要性：在良好的环境中的家教两小时就与农民工的一天的辛勤劳动等价。在挣钱之余，我不禁也陷入沉思。虽然我的家庭地处偏僻，积蓄较少，但家人都极其重视教育。在大学里，我又一次收获了友情。同寝室的舍友曾永和、万俊等同学在我经商的过程中都为我提供了很大的帮助。我在做生意、谈判、进货时，都有舍友在一旁帮衬。但一开始的小打小闹只能解决我的温饱问题，并不足以让我过上和其他同学一样的生活。大学期间，丰富多彩的课外活动，如烧烤、电影、网吧包夜等都是与我无缘的。后来我初涉电话超市和电话卡业务，许多老师都向我伸出了援助之手，生意和生活渐渐有了改善。也许是因为时代不同，与现如今鼓励大学生创业的大环境不一样，那时候高校不赞成学生自主创业。有些老师知道我在外面做生意很忙，怕我荒废了学业，便私下帮我"开小灶"补习落下的课程。这也许是有心创业无力下海的老师，私下里给实现自己创业梦的学生们一点支持。而我当时想到通过推销电话卡来创业，也正是在"眼球经济"的小试牛刀。一次偶然的机会，我陪同学乙去江苏警官学院新生报到，发现新生开学时急需电话机，而他们当时地处偏僻，无法及时购买。由此我灵机一动，寻到了南京金桥市场电话机批发处，就这样做起了小生意，销量出乎意外得好。俗话说："一个篱笆三个桩，一个好汉三个帮。"我一个人精力有限，也不愿独享蛋糕，于是就带着同学一起做，经济上都得到了不小的改善。实践出真知，正是通过摸索，我的思路一下子打开了。经过有意的观察，我注意到南京邮电大学的中国电信公共电话亭被改成了电话超市，而这种电话超市打电话3毛钱一分钟，在国内长途普遍8毛钱一分钟的年代里需求量极大。我做了一定的市场调查后，却苦于自身格局不够，未能形成相对成熟的想法。但万事皆有可能，事情在南京邮电大学的六十周年校庆上得到了转机。通过在校庆回校参展在联通公司上班的师姐的指导下，我了解了开电话超市的整个流程。虽然"项目"启动时，我手里只有一点贩卖电话机的余款，但开电话超市前期所需投入大额的资金并没有吓倒我。通过实地考察、租金对比、政策研读、筹借资金，我开电话超市的想法终于在现实中有了雏形。等前期设备投入差不多完备、交了房租押金、买来装修材料后，我几乎身无分文，只能自己上阵给店面的墙涂漆。如此想来，还得感谢大学入学前做小工的那个暑假，学到了一点装修上的本领。电话超市正式开张几个月后，我已经小有盈余。也正是通过这次小小的实践，我明白了合作共赢的重要性，众人拾柴火焰高。但让我感到悲痛的是，我的母亲在这段时间得了脑血栓，因为贫穷舍不得治病去世了，享年六十三岁。"树欲静而风不止，子欲养而亲不待"，这是我心中永远的痛。

继电话超市之后，我又做起卖手机卡的业务。此时我已练得胆大心细，不惧怕经商过程中可能出现的任何问题。我带领一部分愿意跟我干的同学开学时去各大附近学校搭帐篷，售卖动感地带、联通炫卡等手机卡。这样的经历，又一次锻炼了我与学校各部门协商的能力，在学校的总务处和保卫处当中周旋，以求得在夹缝中生存。我和我的同学们就像盗了火种的普罗米修斯，再将火光星星点点散出去。上天不负有心人，我的经营能力在不断的实践过程当中也在迅速提高。我从2003年9月份始在大学开学时摆摊，到2009年的时候，一年已经可以赚几十万元了。与此同时，我从未忘记自己的本职是学习，大一上学期我还没有开始做家教的时候，我就把大一到大二的英语书都自学完了。

在经商方面，不满足是向上的车轮。自从开了电话超市、打开了创业思维后，我萌生了新的想法，想开一家营业厅。电话超市开张一年后，我便在南京邮电大学三牌楼校区旁开了一家联通营业厅。即使最初我对如何运营营业厅一窍不通，但我善于寻找、善于沟通，又一次发挥我求知若渴的精神，经常找营业厅的值班经理、营业员聊天，从他们身上获取行业内的信息。星星之火可以燎原，在每个人身上捕捉到的一点火星就足够我将这把火烧旺了。同开电话超市一样，我在最初遇到了各种困难，但从未想过退缩让步。

开联通营业厅的要求比开电话超市严格得多，门面大小、地理位置等细节都有要求。不服输的劲儿上来了，我常常带着同学曾永和骑自行车去一位经销商邮达公司"蹲点"，为了几个问题，经常一等就是两三个小时。一旦守到正主，我们就拿着笔记本如饥似渴地提问，涉及营业的各个边边角角，功课做了一本又一本。我们在相处的过程当中，越发磨合得融洽，这位老板后来在创业上对我们帮助良多。因为是白手起家，我并不知道该怎么注册公司，于是壮着胆子去南京邮电大学经济管理学系的范鹏飞教授处寻求帮助。在场地问题解决上，通过多方对比，我看中了三牌楼大街一间迎街活动室，破墙开店，通过做申请、打报告多方面努力，将这间活动室租了下来。当时开一个联通营业厅需要投资三十万元到五十万元，但是我通过合作、融资、赊赁等花了近十二万元就将此事办成了，当然，其中种种艰辛不一而足。这件事也给了我很大的启发，我明白了创业者一定要学会分享信息，合作就会共赢；在信息共享的过程中，能够不经意间收获合作伙伴；而有了合作伙伴，就形成了一个利益共同体。从生存到生活、从贫穷到有一定积蓄，我迈出了经商过程中还算成功的一步。然而春风得意的我忘记了"木秀于林，风必摧之"的道理，加之年轻气盛，许多时候不懂通融与圆滑，遇到了求学道路上的一处低谷。

由于开联通营业厅事务繁忙，我虽坚持自学，有些公共课则能逃就逃。学院领导层中有一位副院长极其反对学生创业，认为会影响学院的风气，同时他认为联通营业厅租赁的房子占用了学生活动空间。于是，他找我谈过几次话，要求我停止联通营业厅建设项目，到图书馆勤工俭学。但我那时已是箭在弦上，不得不发。联通营业厅装修工程开工时，学院方面多次安排人来阻止，虽说"兵来将挡，水来土掩"，但到底对我的学习与生活产生了影响。最后，院年轻的团委书记撤了我班级团支部书记的职务，我只能默默承受。若换作如今"大众创业，万众创新"的时代，也许就是另一番场景。

人生是一条单向道，而非分不清正反的莫比乌斯环。正如我在高中悟到的道理一样，"塞翁失马，焉知非福"。如果我当年在南京邮电大学一帆风顺，可能会回到沭阳的移动公司工作，也可能留在南京的某个小公司。倘若那样，我定然不会开宾馆，因为我是在南京财经大学上课时发现了开旅馆的商机；此外，我是继南京财经大学学习后去河海大学读MBA时，扩大了美的空调的生意。或许，我会在经历了三五年朝九晚五的工作后，鼓足勇气辞职下海创业，即便如此，缺少了那些在商场辗转腾挪的经历，我定然不会经历今日在南京大学历史学院的读博过程。

在读书过程中，我的交友圈也慢慢变广，正是这些全新的人生体验给了我不同的商机。在镇江的江苏大学看望同学仲天明时，住了几天旅馆之后，我就萌生了开一家宾馆的想法。后来，我把第一次住宾馆的经历幽默地称为"体验式投资"。如今想来，这就是"眼球经济"，你眼睛能关注到的方向就决定了后续的投资方向与发展方向。时隔几年，我又一次拿出了当初开电话超市的勇气。没有资金，就向家人与同学借款；没有场地，就四处奔波寻找合适地点；没有人力，就登报刊发招工启事；没有证照，就去公安局、消防大队、工商局、卫生局办……缺什么我们就补什么，决定要做一件事就坚持到底。就这样，我的第一家宾馆开张了，我的身份也摇身一变，从曾经的电话超市的"小孙老板"，到联通营业厅的"孙经理"，再到宾馆的"孙老板"。我从未想过事情若做不成功将会怎样，只是一股脑儿朝前冲，当时的商场上流行一种说法叫"打井理论"，即相信只要一直深挖，自然会有水流出来。身份几经变化，唯一不变的是我坚持求学的那份决心。

有了前期这些经商经历，我越发想做出一番事来。由于开第一家宾馆时购入许多二手空调，但后期维修服务并未跟上，多数时间深受其扰，就此多了解了一方领域，柳暗花明地做了美的空调的专卖店。我的收入持续上涨，营业额达到了我以前从未敢想到的数字，然而我发现，我内心更渴望继续读书，已经不满足于目前的学历了。经过多年的艰苦创业打拼并小有成就之后，我渴求进一步求学深造、把丢掉的学业补回来的想法更为强烈。

机会只青睐有准备的人，2010 年在南京美的空调公司总经理高成禹的推荐下，我考入河海大学商学院 MBA 班学习了两年。在 2012 年 4 月的一次茶叙中，我听闻同学的单位领导在南京大学读 EMBA，那里的学生课上能听到著名教授经济学家分析时势，课下可以与同学谈项目、谈合作，有些同学在课间就签起了合同，这让我心动不已。经过两个月的准备，我于 2012 年 3 月经过笔试、面试，最终被南京大学商学院录取为 EMBA2012 级学员。我终于成了南京大学的一员，我可以自信地背起印有南京大学 logo 的书包，穿上南京大学紫色的文化衫，参加南京大学校园里丰富多彩的校园活动。

在 EMBA 课程中，我收获良多，打开了眼界。课程趋向于多元化设计，涵盖方面极为广泛，具体包括人力资源管理与开发、商务英语与沟通、会计学、组织管理与领导、宏观经济与企业决策、战略管理、变革管理、投融资决策与管理、公司财务管理、运营管理、营销管理、管理经济学、管理制度与创新、中国的对外开放与企业的跨国经营、国际金融、危机管理等等，也会有两岸高峰论坛等选修课程。每次在课程上学到了新的内容，回到家中，我都迫不及待地将新习得的知识与妻子一起分享，因为我的成功有她的一半功劳！在瞬息万变的互联网大数据时代，只有竭尽全力地奔跑，才能堪堪与时代同行，我们夫妇二人共同学习、与时俱进。正因为努力了、付出了、抛洒了汗水，我们才加倍地珍惜所拥有的一切。当然，读书过程也并非一帆风顺。再次回到学校，我也面临着全新的挑战。在新的学习平台上，论文写作对于我而言成了新的考验，每节课结束之后，老师都会要求我们尝试写小论文。我使用了以前的笨方法，多看、多读、多写。我根据老师的推荐看了很多经典文献，琢磨论文写作的学术规范和内在要素。丰富的从商经历是我们的隐形资本，也是我们分析案例的源泉。当时我们同学基本都以自己企业为研究案例，根据每门课的主题做对应的研究，这也是一项不断观摩同学公司的过程。我将自己的企业中遇到的问题进行抽丝剥茧的分析，从产品发展现状、利润点、成本要素等进行全方位剖析。从能独立解决问题，到实践上升理论，商学院诸多课程都让我重新认识了自己，也发掘出了我无穷的潜力。在紧张的文化课之余，我们还有"游学"一项，"读万卷书，行万里路"，灵魂与身体同时受到洗礼。我们在游学过程当中，一路参观考察多家优秀的企业，同时能够深切体察到不同地区的文化以及多样的人文情怀。这些人文主义熏陶以及最原始的用户体验都在我们众筹"南京茶肆"时起到了重要作用。读EMBA的这段时光，让我切身体会到了同学之间深厚的友情。在学习上，我们相互促进；在商业上，我们互帮互助，共铸辉煌。我们每年都会组织各类聚会，大家一起自导自演、自娱自乐。"南京茶肆"则是我们班同学深厚情谊的结晶。正如每个男子都会有个开茶馆的梦想，每位女子都会有个开咖啡馆的梦想，每个班级也都有筹建娱乐空间的愿望。经过前期的商业调查、众筹资金等步骤，我们决定一起开一家小小的茶肆。初时我们抱着小小的心愿，想创造一处能够满足同学们聚会需求的小空间，完全没想到如今成为大学空间的延伸，南京城的第三空间。这也许算是"无心插柳柳成荫"的意外之喜吧！

商学院还组织了多种多样的活动，徒步旅行、两岸三地自行车骑行、高尔夫球会……学习与运动并重，我们真正做到了"内外兼修"。我们徒步"徽杭古道"，古道前一段确实修建得可谓"移步换景"，"横看成岭侧成峰"，松林郁郁，奇石嶙峋，水流湍急飞花溅玉。而在后半段，脚下的路开始变得晦涩难明，长时间行走在山路上，脚底磕磕绊绊，极为硌人。即使如此，我们依然一鼓作气，完成了徒步的挑战。此外，一年一度的南京大学EMBA年度峰会令我受益良多；而"玄奘之路商学院戈壁挑战赛"，更在我的人生中留下了浓墨重彩的一笔，也让我重拾了攀登学术高峰的孤勇。

在广阔且无边无际的沙漠中尽全力奔跑，人类一瞬间就意识到自己是多么的渺小；生理与心理上接受双重极限挑战，让我重新审视自身。烈日灼灼之下，我感觉自己浑身上下的每一个毛孔都在喘息，每一块肌肉都在呐喊。大约是在赛程的最后四千米时，仿佛有一段时间轴在我面前徐徐展开，我不断地回望过去，忆儿时小河里嬉闹、麦田里奔跑，火光跳动着的灶前温和慈爱的母亲，沭河畔的绿柳之下青涩微笑的少女，大学讲座上惊鸿一瞥的美丽而沉静的侧影……无数奋斗着、拼搏着、挥洒着汗水的日子……儿女出生时第一声稚嫩的啼哭……收到录取通知书的狂喜……成长岁月中的荣光激励着我坚持到底。在那一段时间里，我开始思考"我是谁""我在哪儿""我要干什么"……我从未觉得自己是如此之渺小，我重新审视生命的意义，我无比思念自己最亲爱的人，思念父母、思念妻儿。我也从未想到，正是这样一场比赛，让我意识到了家人在自己的心中重逾千斤。当到达终点时，看着亲友团捧着鲜花簇拥而来，我戴上了墨镜，遮不住他们殷切的目光，却遮住了我涌泉般的泪水。沙漠中的美景让生长于苏北的我更加认识到了天地的广阔与无垠。清澈幽谧的月牙泉、古老奇异的鸣沙山、沙漠中喷薄而出的红日，还有那栩栩如生仿佛随时都能飞下墙壁的莫高窟壁画，都给我带来了极大的视觉冲击与震撼。

在茫茫大漠之上，我的心灵又一次受到洗礼。夜晚来临，苍茫的穹顶之上布满星子，神秘而悠远。仰望繁密映丽的星空，我的思绪似乎一下子化作了实质，盘旋而上，呼啸而起。星辰亘古自成而起，在宇宙中旋转漂移，经历了漫长而悠久的岁月，而我们所栖身之处，也正是其中之一。正是在这片大地上，经历了多少朝代王国的兴亡更替！透过漫长的岁月，我仿佛看到脚下狼烟四散而起，直冲云霄，金戈铁马无数；鲜血沁入黄沙，白骨皑皑，折戟沉沙寥寥。我仿佛真真切切地置身古战场之中，大漠灰穹中孤鹰盘旋，旌旗猎猎，鼓铮角鸣，马嘶萧萧。思绪随风飞舞，眼前情形又是一变，驼铃幽幽，旅队蹒跚，在漫无边际的金黄色沙丘上缓缓而行。狂风突起，怪石枭嚎，天地颜色瞬间茫芜，粗粝的风沙盘旋，盖不住的是那条从古到今、生机绵延、牵通东西、薪火传承的丝绸之路。在那一瞬间，于我能够回望到的时光中，我曾读过的书中、见过的画里，那些曾经隔着悠长岁月、或虚或实的人们都活了过来，他们从遥远的林中走出，站在疏阔清风里遥遥与我相望；他们从壁画上轻盈卓绝地飞下，在融融的月光之下酣歌恒舞……在那历史长河的悠悠的岁月里，多少人挣扎着、嘶吼着，置之死地而后生；多少人问天地、问众生、问自己，只为求心中之道！我回想到曾经在这片广袤无垠的土地之上，多少亭台楼阁拔地而起，又灰飞烟灭；只有思想的美酒历经沧桑，在历史的温养下反而愈加醇厚。人世世代代，寂灭又生，肉体虽然消逝，但精神却可永存。有多少先辈们穷其一生，上碧落下黄泉，究天人之际，通古今之变，朝闻道则夕死可矣。而如今，后人们要得窥先贤之思，唯有从史料古籍中一探他们明明灭灭的幽影。

　　自戈壁滩回来之后，我又一次投入紧张的学习与生活中。我是如此珍惜自己拥有的每一分、每一秒，因为我明白个人在浩浩汤汤的历史、在无情流淌的时间面前之渺小。此后几经商海沉浮，我从未放弃继续求学问道的渴望。在平时的阅读"充电"过程中，我觉得我的思维发展遇到了一个新的瓶颈期，而行有不顺者，则反求诸己。我隐隐发觉得自己需要更多精神的给养。曾经针对商场上一系列训练已然满足不了我如今的需求了。我需要更专业的平台、更严苛的学术训练。慢慢地，我萌生出一个大胆的想法，我要考博士，而且是历史学的博士！而在我了解到的人中，民营企业家中极少有博士，我要做民营的博士。我内心深处一直觉得自己不应该止步于此，我渴望自己可以突破传统商人身上惯有的局限性。从小由长辈们灌输的求学问道之思想又一次闪光，促使着我奋力奔跑，绝不停下脚步，在探索未知的道路上继续前行。我渴望通过那些或佶屈聱牙或清幽流利的文字在历史长河中畅游，在饱览群书的阅读过程中培养胸中之丘壑；我渴望在发黄脱页的绝版古书中寻到令人豁然贯通的真实答案；我渴望能够在字里行间指点江山，激扬文字；我渴望在书中能窥一斑而见历史全貌，与学术专家探讨中国封建社会的超稳定结构、飞跃过烽火四起的民国时期，搭上经济迅速起飞的快车，与如今全球化当道、互联网高速发展的时代同行！

除了自己内心的百般渴望之外，还有一个契机坚定了我学习历史的决心。在"南京茶肆"的经营过程中，我阅读了大量相关资料，其中在《茶馆——成都的公共生活和微观世界1900—1950》一书中收获极大，并运用在自己的经营当中。这又一次证明了求学与经商是相辅相成的，而非互相掣肘。再者，我身边还有一些志同道合的朋友，他们是我的"学友"，在我摇摆不定时给我吃了一枚"定心丸"。在这里，我要特别感谢朱吉鹏和方霞两位学友，他们与我的想法不谋而合，且朱吉鹏在2009年已赴香港科技大学读博，获益良多。除此以外，我意识到考博并不是仅仅为了自己，也是为了家人：

我要为我的小家庭继续奋斗，为我的孩子们以身作则；从长远来说，更以自己的实际行动，促进家族、企业和社会的和谐发展。

俗话说："好的开始是成功的一半。"我深知，作为一个非历史专业的"门外汉"，要顺利通过严格的审核、考试等重重考验一定要付出比旁人更大的努力。在前期搜集考博相关信息的过程中，我也曾屡屡受挫，多次找不到门路。或许是我的诚心天地可鉴，我在南京大学仙林校区旁听课程时，认识了好几位历史学院 2015 级的博士生。我向陈海懿、李嘉树、刘茂伟等师兄请教，也表达了自己读博的愿望。师兄们从各方面热心地指导我，从需要读的入门书目、报名时需要注意的各种事项到读博申请计划书的注意事项，几位师兄都事无巨细，娓娓道来。

在考博的过程中，我强迫自己静下心来读书做笔记。在阅读过程当中，我慢慢地从心浮气躁中沉淀下来，同时能够严格地审视自身。作为一名非文科生出身，我的基础急需夯实。我已然记不清到底经历多少夜挑灯苦读、多少次废寝忘食、多少次物我两忘……咬牙坚持、绝不认输，不仅仅有徜徉在书海中备考博士的我，还有几年前备考 MBA、EMBA 研究生入学考试时如饥似渴读书的我，复习自学考试时竭力驱赶睡意的我，在本科期间经历低谷又挣扎着站起来的我，在高三复读那年从沉寂中爆发的我，以及在武术学校蹲马步练习洪拳的我，甚至还有被老师夸赞将来会"一鸣惊人"而暗下决心要出人头地的年幼的我……他们给了我无穷的力量！读书读到头昏眼花，笔记做到手指蜕皮，无数次在内心深处呐喊道，我要读博！从 2015 年天高气爽的秋季开始，经历了山枯水绝的严冬，迎来了百花齐放的暖春——我，被录取了！

2016 年 8 月 28 日，我怀着激动的心情来到南京大学仙林校区历史学院报到，正式成为中国史 2016 级博士生。在已近不惑之年，我又一次开启了新的求学之路。读博期间，南京大学给我提供了更高的学习平台与更广阔的视野。说来也巧，在我入学第一天，我便在寝室楼下遇到了陈骏校长。在听了我简单的自我介绍后，陈校长也肯定了我继续读书的决定。正如前文所述，我曾在经营南京茶肆时读过《茶馆——成都的公共生活和微观世界 1900—1950》《茶经》《茶与宋代社会生活》等书，并在其中受益良多；而在读博期间，由张生老师的引荐，我竟有幸得到了此书作者王笛老师面对面指导的机会！我与王笛老师畅谈茶馆空间和街头文化，聆听王笛老师的真知灼见。这一次思维的碰撞，让我深入思考民众的日常生活与公共空间、街头文化与公共生活之关系，也促成了我对新文化史与微观史的进一步思考。中国史包罗万象、博大精深，涉及地理、政治、经济、人文、社会特征等方方面面，枝枝蔓蔓极其庞杂，多数学者关注中国历史的宏大叙事，做研究时亦多从大处入手，却少有将微观视野置于民众日常生活、街头文化的专题研究。正如王笛老师所言，微观研究不仅仅能够提供个案分析，更能将学者对历史的认识拔高到一个更广的层次。而我的导师张生教授研究中国近代史，他众多的研究方向之一则是对改革开放的现状和社会问题进行研究的，这无疑为我打开了新的研究思路与方向。而在历史学的一些专家们对民间博物馆的研究建设和运营的调查中，我读到了茶馆与当代社会文化生活的变迁方面的诸多书籍。多维度、多角度对历史与现实、宏观与微观的思索，让我厚积薄发，受益良多。这次畅谈后，我带着与王笛老师对话的思考，带着对张生老师课题的浓厚兴趣，秉着严肃而慎重的心态、带着学术分析的眼光重新阅读了《茶馆——成都的公共生活和微观世界1900—1950》一书。此次阅读，我从不同的角度去分析文本，又有了许多新的启发和领悟。这也正是读博带给我的成长，从"门外汉"到研究者，从单纯的阅读者到有问题意识的学者。我看待历史、看待文化不再像曾经一样走马观花，而是能够沉下心去发现问题、带着问题在书中寻找可能会出现的答案。

古语云："学而优，则仕"，而我的南京大学EMBA同学顾春秋则戏称我乃"商而优，则学"，听后，思之，我会心一笑。当然，我不断读书求学之事，也并非社会上人人都可以理解。曾有商场上的合作方笑我痴气，认为我林林总总花在沉浸书斋中的时间太多，倘若将这些时间和精力都投入商场上专心挣钱，则可挣得金山银海；但我内心岿然不动，一片清明。商场上的一点小成就也离不开我一路求学的经历和积淀，反过来，求学所需的花费一概由经商所得来支付。求学与经商此二者缺一不可，互为辅助。台湾"中研院"近代史所张瑞德教授在我们南京茶肆品茶后说我做的是"应用史学"。我在商学院读完EMBA后选择跨专业读历史学院的博士，正是渴望透过历史之经纬把握商业的经枢，以宏观的视域指导微观的行动。如今中国的高等教育强调"通识教育"，我对自己的要求亦如此。同时，从商学院跨考到历史学院，这样看似距离较远的专业跳跃实则又是一次"转益多师"的宝贵经历。

博士课程在我眼前打开了新的大门，这些课程或宏博或精细或幽隐或激昂，给我以极大的学术熏陶并极高的审美享受。历史学研究十分严谨，对于史料、史论与方法的运用十分精细。博一上学期开始的专业课程很多都涉及这一方面的学习，如"晚清史研究史料、史论与方法""当代中国史研究的史料、史论与方法""世界史专题讲座""史学理论与方法""中华民国史研究史料、史论与方法"等。在浓厚的学习氛围下，我的求学之心日益强烈，除了规定课程之外，我还积极参加各类学校、学院组织的学术讲座。博一下学期，由南京大学历史学院、南京大学出版社、南京大屠杀史与国际和平研究院和中国抗日战争研究协同创新中心联合主办的《钓鱼岛问题文献集》新书发布暨钓鱼岛问题座谈会的成功举办，学者们自由发言，会场氛围特别热烈。我作为会务组成员，饱享这一次学术之盛宴，从中获益匪浅。

读博求学过程中，给我帮助最大的莫过于我的师门了。每一个师门都有很多传说，我的师门也不例外。东汉王充在《论衡·量知》中提道："不入师门，无经传之教。"南朝宋范晔在《后汉书·班彪传》中提道："京兆督邮郭基孝行著于州里，经学称于师门。"师门将我们紧密团结在一起。我的导师是南京大学历史学院院长、博士生导师张生老师，对我的学术和生活都十分关心，我也在与张生老师相处的过程当中，受益良多。古语云："高山仰止，景行行止"，导师正是我学习的榜样与楷模。我的导师曾经写过他的博导茅家琦教授对于"史学方法"的见解。茅先生说起研究历史的所有方法，归结到本源，无非归纳、推理。各家治学之不同，其实是对资料掌握程度不同。不同学者见识有深浅，问题意识不同，归纳、推理的路径也不相同。成为一家之言说者，都得逻辑清晰、思维缜密。茅先生认为做学问最重要的是坚持实事求是的原则，依据史料得出结论。我的导师参加博士论文答辩的时候，茅先生问"论文选用的材料是否全面，是否确实可靠？"，又问"如果答辩时有人提出异议，你能否回答？"。在得到了肯定答复之后，茅先生鼓励我的导师，"只要材料可靠，你认为是正确的，就要坚持"。茅先生推崇逻辑训练，应当培育学生的"思力"，即辩证思考、深入思考之能力。茅先生对"史学方法"的见解、做学问的态度和对逻辑学的推崇都让我们后辈受益匪浅。我的导师写道，"写茅老师，写得我虚汗直冒，笔拙口钝，不能述先生功业于万一，只是说我在茅家琦老师门下打过酱油罢了。"我的导师张生老师如此表达，作为在学术上尚未有建树的弟子，我只能说自己在张生老师门下"打过开水罢了"。我们师门2016年在读的博士有六名，硕士有六名，大家紧密团结在张生老师的周边。我的师兄弟姐妹们极为团结和谐，我们聚则是一团热烈的火焰，散则是满天熠熠的星辰。师门中人各有各的长处，在生活中各有各的脾气，在学术上各有各的造诣。我们相处得极为愉快，能够入师门同这么多优秀之人做伴，是我三生有幸！

在读博的生活过程中，我越发体会到，作为一个人，素来可以通过两方面获得成长——一是实践，二是读书。实践是身体力行，在现实发展中寻找答案；而读书，则是一个自我启蒙与他者启蒙的过程，是借前人之光照亮己身蒙昧，在反思中不断成长。实践与读书相辅相成，二者缺一不可。光在现实中跌摸滚爬，却不在书中寻求解答，更深层次的成长则不可企及。因为书中汇集了前辈们所想所得，人在不停的读书过程中，才能够永葆旺盛的好奇心和丰富的想象力。尤其在史书中，其没有维度和边界，在其中尽可以"仰观宇宙之大，俯察品类之盛"；站在此刻的时间节点上阅读史书，亦是打通了时间的关节，"寄蜉蝣于天地，渺沧海之一粟"。而读书的同时尽可以动笔，倘若说尽情阅读是输入的过程，那么泼墨挥毫则是输出的过程。在平时即兴的随笔中，自可侃侃而谈、无所顾忌，随心所欲地肆意挥洒，正所谓"宇宙之大，苍蝇之微，皆可入文"。

这几年博士课程的学习期间，有幸聆听了中国社科院李红岩教授、王建朗教授，美国伯克利加州大学叶文心教授，中研院黄克武先生、巫仁恕教授，台湾政治大学周惠民教授等海内外大师们的教诲，参与了"第一届中国近代史全国青年高峰论坛""第三届南京论坛""第一届中华民国史前沿论坛""中国远征军与第二次世界大战学术研讨会"等国际化学术会议研讨。如此种种，都极大地开拓了我的视域，让我更加明白自己在学术上的可进取性，也发觉了自己在商业上无限的潜能。"以铜为镜，可以正衣冠；以史为镜，可以知兴替；以人为镜，可以明得失"，埋首书本潜心研习、与学者的畅谈让我能够借历史之力反观自己，能够让我用辩证与发展的眼光看待问题，能够让我站在更高的层次对商业进行梳理与分析。我在学习过程中，以史为鉴，从中发现既有范式与自己的不足，打破既定的思维模式，向更开阔、更广博的方向进取。在撰写博士论文时虽然也曾经遇到了一系列困难，但在收集材料、日夜思索、辩证探讨之解决困难的过程中，我明显感觉到了自己的思维能力与逻辑推理能力得到了螺旋式上升，我的科研能力也以波浪式前进。

选择《南京茶馆业研究（1927—1949）》作为我的博士学位论文题目，我也经过了多方求证与诸多考量。在江苏省档案馆、南京市档案馆几个月的档案查寻过程中，我逐渐挥退了茫然。丰富翔实的史料让我眼前迷雾尽散，近30万字的档案给了我几分忧愁和几分欣慰；在台湾政治大学一个多月的学习和生活期间，我对茶文化空间有了充分的体验与思考。在前期准备的过程当中，曾遇到了许多令我措手不及的困难，但经过与我的导师和同门师兄弟多次讨论，最终基于我的学术兴趣与学术理想，我决定将这个题目做实做好。从构建框架开始，到一步步丰满其血肉，其中的艰辛与努力，正是我在学术训练上的成长。在问题意识的引导下，论文构写的过程当中，请教了南京大学历史学院陈蕴茜老师、中国社科院的沈冬梅老师、南京大学社会学院的翟学伟老师，原本混沌的思绪逐步清晰，终于拨得云开见月明。在写作过程当中，在前人的基础上，我表达了属于自己的独有看法，虽然仍有许多疏漏，也不能做到尽善尽美，但我已发散了自己的学术思维。

2018年12月，我去日本考察了一周，2019年2月7日到3月8日我到香港中文大学做访问学者近一个月，对此我深感荣幸。感谢我的祖国，它让我拥有作为国人的骄傲和尊严；感谢南京大学，它海纳百川、有容乃大，给了年近不惑的我又一次深造求学的机会，让我拥有自由之思想，独立之精神；感谢我的导师张生老师，在读博期间，他以身作则，以贵重的人品、严谨的学术态度、深邃的思想告诉了我何谓真正的大师与学者；感谢我的同门的兄弟姐妹们，他们在平日的生活中关心我，在学术上与我相互切磋、砥砺前行；

感谢南京大学图书馆，为我们提供了如此海量的藏书、取之不尽用之不竭的资源和第一手科研资讯；感谢南京市档案馆，在我做博士论文的过程中，我收集到的一手史料文献，正是做好一篇博士论文的前提与基础。

我感谢我的祖母，她的谆谆教导，让我自幼就明白读书的重要性；我感谢我的父母，他们生我养我，鼓励我一路无畏前行；我感谢我的兄姊，他们或以身作则或全力支持，让我从小就在心中种下了一颗读书的种子，生根、发芽、茁壮成长。如果说在我早年的求学道路上，我的母亲是一面精神旗帜，那么在我后来的漫漫求学途中，我的妻子朱宝宁她是我坚强的后盾。她替我生儿育女、操持家务，为我守好大后方，用她温柔而坚强的爱为我遮风避雨，鼓励我勇敢追寻自己的梦想，在求学经商的道路上一路前进。我感谢我的儿女东泽、东伊、东初，是他们娇嫩可爱的脸庞、日渐聪慧的眼眸给了我莫大的安慰与鼓励，他们是我奋力拼搏的直接动力。直到现在，我依然坚持鼓励我的儿女们多读书、读好书，我深知"君子之泽，五世而斩"，物质上的丰厚条件不是幸福的一生的前提，只是基础；而精神上的充盈、永不放弃努力的理念，才能够助人探索到幸福的真正奥秘。"授人以鱼，不如授人以渔"，我教我的孩子们读书，正是陪他们亲手编织自己的渔网。我希望我的孩子们能够从我身上学到敬重知识的精神，正如我从我的父辈那里学到了坚韧不拔的毅力一样。我明白，人这一生，不可能同时走向上和向下两条路，只要努力攀登向上，就不必担忧自己会沉溺于纸醉金迷与声色犬马；而人的大脑，想要不被低俗占满，就必须要用高尚来武装。我盼望他们读书，不是因为"书中自有黄金屋，书中自有颜如玉"，而是因为读书是一个自我人格完善的过程，通过读书，可以更好地见自己、见天地、见众生。

孙绪芹

2019 年 3 月 16 日夜

后记（二）

转眼间，我在南京体育学院工作已两年有余，在学院从事经济与管理的相关课程教学工作，这么多年也一直关注着茶馆行业的发展。2012年，我就读于南京大学商学院 EMBA 班，2015年我们 EMBA2012级同学一起众筹开办了"南京茶肆"，同学们推荐我来管理这个校友茶馆。2015年12月，我的硕士学位论文《南京茶肆的营销策略研究》完成。2016年9月，我考入南京大学历史学院中国史系开始博士课程研究，师从张生教授，从事中国近现代史方面的学习。2019年9月完成了我的博士论文《南京茶馆业研究（1921—1949）》。"绪芹是中国经营茶馆、研究茶馆、建设茶馆'第一人'。"南京大学民国史中心主任、江南大学党委书记朱庆葆教授参加我论文答辩时这样点评道。

自2012年5月至今，南京茶肆项目一直由我监督管理，我也算从一个外行人，开始慢慢入行了。最近几年已发展为三家茶肆，两家民宿，一家九间坊会议中心综合餐饮店。我也从一名茶馆经营者转变为茶馆研究者，从一名不知茶滋味的少年到茶行里半个专家。

茶馆、咖啡馆向来是一个城市的重要公共空间，也就是我们历史学语境里的微观城市史。"社会是个大茶馆，茶馆是个小社会"，本书倒没有花太多笔墨来介绍茶馆的社会功能，相反紧紧扣住"茶肆"茶馆这个众筹空间的缘起、装修建设、经营管理来分析茶馆这个众筹商业空间到空间消费的内部逻辑。茶馆经营模式和产品随着历史的变迁而变化。它不同于当下的咖啡馆，也不同于改革开放以前的港式茶餐厅，它正逐渐扮演宋明清"茶馆酒肆"的功能。

我近两年在南京体育学院从事"大学生创新创业"这门课的教学，本书经过 2019 年的整理和完善，将对一个大学生的创新创业有较好的现实启示作用。细读本书部分内容和图表，有它粗糙和不专业的地方，而正是这原始的经营逻辑和数据，才更真实地反映了一个企业初创期的经历和现状。它既是一本管理学的书，又是一本茶馆发展的真实史料，为茶馆爱好者、经营者、研究者提供一份活生生的案例，让读者能够去现实的茶肆空间体验和考证。

2022 年 5 月 20 日，正是南京大学建校一百二十周年庆。在南京茶肆的"众筹"建设和经营管理的体验过程中，一定蕴含着"嚼得菜根，做得大事"的朴素精神。"把茶产业、茶文化、茶科技这篇文章做好"，茶肆正与习近平新时代茶文化思想同行，沿着"乡村振兴战略"，走向美丽乡村桦墅，"让一片叶子，造富一方百姓"。

2021 年 10 月 20 日午夜

于北京大学圆明园校区宿舍

致 谢

我十分荣幸时隔 12 年，我还能有机会踏入南京大学的校门，进行为期两年的 EMBA 读书生活。回想起 2000 年 7 月和 2001 年 7 月，我两次参加高考都没有如愿进入南京大学这座百年高等学府，"行万里路，读万卷书"是我作为一个农村娃的梦想。2009 年 MBA 入学考试，我再次报名南京大学商学院，可是我再次落榜，后来，我被南京另一所普通高校商学院录取。2012 年 4 月，我的 MBA 课程结束，经朋友介绍，参加了南京大学 EMBA 考试、面试入学，2012 年 5 月，31 岁的我如愿被南京大学商学院 EMBA 中心录取，诚惶诚恐。回想起第一节课、第一次作业、第一次游学，同学们亦师亦友的帮助和指导，让而立之年的我受益匪浅，成长许多。春去秋来，朝朝暮暮，转眼已到了 2015 年，看到很多优秀的同学论文已撰写、硕士学位已拿到，我也加快了毕业论文的脚步。

我首先要感谢我的论文的指导老师韩顺平教授。从 2013 年上他的《市场营销》课程，到 2015 年我们 EMBA2012 春班众筹的项目"南京茶肆"的试营业，已经 3 年多了，"南京茶肆不盈利，绪芹不可以参加论文答辩"韩老师这句话着实给我很大压力。毕业后一直在自主做点事情，2004 年大学期间开了联通营业厅，2006 年开了宾馆，2009 年做了江苏汇控暖通工程公司，2010 年再次投资做宾馆，创建苹果酒店连锁小品牌，2015 年和 EMBA2012 春季班同学领筹了这南京茶肆，好像这么多年一直过着勤工俭学、半工半读的生活，读书赚钱，赚钱读书。

韩顺平教师可以说是我营销策略研究的启蒙老师。我本科通信工程专业，毕业后转向商科，韩老师平易近人，乐于助人。在 2015 年南京大学本科生开设"创业"课程中，韩老师给我机会和学弟学妹们分享南京茶肆的众筹成果。在论文撰写期间，他结合在南京茶肆当下的体验，给予了我很多画龙点睛的指导。在这里我要向韩老师致以深深的谢意。

我要感谢 EMBA2012 春季班的所有老师和同学，给了我很多学习、交流、成长的机会，给了我活生生"南京茶肆"众筹案例，你们的信任和支持，给予了我锻炼和为人民服务的机会。

我还要感谢我们的南京茶肆这个团队，是你们用心的服务和不懈的努力创造了南京茶肆今天的成绩，在我论文期间给予了我宽松的时间和静谧的环境，让我可以沉下心来进行思考和论文撰写。你们的理解和支持，是我完成论文和学业的强大动力。

最后我要感谢我的家人，我父母都是农民，都不识字，但是父亲和母亲给我创造了读书的机会，"子欲养而亲不待"。感谢我的爱人朱宝宁和孩子们对我工作和学习的支持，幸福的小家是我积极进取的源泉。

孙绪芹

2015 年 10 月